DEUS E OS FILHOS

Conheça nossos clubes

Conheça nosso site

- @editoraquadrante
- @editoraquadrante
- @quadranteeditora
- Quadrante

Copyright © 1986 do Autor

Capa
Gabriela Haeitmann

Dados Internacionais de Catalogação na Publicação (CIP)

Urteaga, Jesús
Deus e os filhos / Jesús Urteaga — 2ª ed. — São Paulo: Quadrante Editora, 2024.

ISBN: 978-85-7465-706-6

1. Educação – Finalidades e objetivos 2. Educação em valores 3. Educação moral 4. Valores (Ética) I. Título

CDD—370.114

Índices para catálogo sistemático:
1. Educação em valores 370.114
2. Valores na educação 370.114

Todos os direitos reservados a
QUADRANTE EDITORA
Rua Bernardo da Veiga, 47 - Tel.: 3873-2270
CEP 01252-020 - São Paulo - SP
www.quadrante.com.br / atendimento@quadrante.com.br

JESÚS URTEAGA

DEUS E OS FILHOS

2ª edição

Tradução
Osvaldo Aguiar

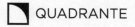

SUMÁRIO

INTRODUÇÃO	9
PRECEITOS DIVINOS	19
A SANTIDADE DOS PAIS	43
LARES VIVOS E LARES MORTOS	57
LARES CRISTÃOS	85
LARES LUMINOSOS E ALEGRES	115
AS ESCOLAS	129
ANTES DE FALAR AOS FILHOS	141
FALAI-LHES DA VIDA, DA MORTE DO CAMINHO E DO AMOR	173
FAZ DELES HOMENS FORTES	205
DEIXAI-OS IR-SE EMBORA	235

*Ao único que faz
grandes maravilhas
com os filhos!*

*E a vós
que tendes
o afã de ajudar
os vossos filhos a tornarem-se
homens, cristãos, santos,
conheceis obra humana
tão nobre e tão bela?*

*Os que ajudarem muitos filhos
a ganhar o Céu
brilharão eternamente
como as estrelas.*

INTRODUÇÃO

A esperança de Deus: os filhos

A primeira coisa que Deus feito homem viu nesta terra em que vivemos foram os olhos de uma Mãe.

Alegrai-vos, vós que tendes filhos! Alegrai-vos!

Vós, quem quer que sejais, correspondestes à vocação, à chamada do Senhor. Colaborastes com Deus no nascimento dos filhos. E Ele — que começou obra tão bela — há de terminá-la.

Vós, pais e amigos, se ajudardes muitos filhos a conquistar o Céu, brilhareis eternamente como as estrelas.

Os filhos — dom de Yavé — são como setas nas mãos do guerreiro. *Bem-aventurados os que têm muitos filhos! Não serão confundidos* (Sl 126, 4–5).

Escuta-me! Escrevi-te há alguns anos. Lembras-te? Era uma carta longa, em que te falava do valor divino das coisas humanas.[1] Lembro-me de que pus todo o entusiasmo em reproduzir o mais fielmente possível a doutrina aprendida dos lábios do fundador do Opus Dei. Contava-te nela as aventuras que um cristão pode viver nesta terra cheia de confusões: a aventura do trabalho, a aventura da dor, a aventura da morte. De quantas coisas falamos naquela altura!

Naquela longa epístola, escrita com sangue e fogo junto de um velho moinho de Castela, falava-te de Deus e dos homens, daquilo que os cristãos têm de fazer na

---

1 *O valor divino do humano*, Quadrante, São Paulo, 2016.

terra. Entusiasmava-me enquanto te escrevia; enchia folhas e folhas, de dia e de noite. Foram quinze dias de trabalho. Cantava enquanto te escrevia. Diante dos meus olhos passavam muitos homens, como uma caravana imensa; eu não fazia mais do que reproduzir aquilo que via. Tinham de ser assim os homens da segunda metade do século XX!

Qualquer estranho que visse essa carta nos chamaria loucos. E, na verdade, tudo isso é uma loucura, uma grande loucura.

Quando o mundo submerge nas trevas, nós falamos da Luz — que tudo vai invadindo.

Quando os homens falam de guerras e perseguições, nós ocupamo-nos da Paz que se avizinha.

Quando as pessoas se encolhem, amedrontadas, pensando no presente, nós cantamos a Alegria com os olhos esperançados postos no futuro.

Quando os egoístas fecham os postigos da alma, acumulando tesouros que apodrecem na terra, nós gritamos: "Vale a pena! Vale a pena dar tudo!".

Como queres que não nos chamem loucos se não nos compreendem, se não podem compreender-nos? Mas não será por não anunciarmos em voz alta a nossa loucura... Tu e eu continuaremos a olhar para as alturas.

Há homens que, da calçada em frente, olham para nós com rancor e inveja? Não te preocupes: sempre os houve, como nos primeiros tempos do cristianismo. Se não são cristãos, como se hão de alegrar como o nosso passo vitorioso?

Foi o Senhor que nos ensinou a fazer o que estamos fazendo. Adiante.

Prescinde das murmurações da gente! Veio João, que não comia pão nem bebia vinho..., e chamaram-no endemoninhado. Veio Cristo... e, como comia pão e bebia vinho, insultaram-no chamando-o glutão e bebedor. São como crianças caprichosas — o comentário é de Cristo — que se põem a chorar quando lhes cantam melodias alegres.

Espera. Tem confiança. Até os indiferentes hão de vir atrás de nós. Não sabes bem quanto pesa o Amor! Aproximar-se-ão da luz com curiosidade, e a Verdade há de arrastá-los na sua corrente.

Escuta-me! Agora que te contei alguma coisa acerca desta grande Aventura que se estende por toda a terra, quero entrar no objeto desta carta. Desculpa-me por ter demorado tanto a começar.

Já faz muito tempo que te escrevi aquele primeiro livro. Desde aquela altura, passaram-se alguns anos e, hoje, encontro-te metido numa vida nova, com um lar, uma mulher e filhos. Não sei o que sinto ao dizer-te que me pareces um pouco mais velho. Vamos, porém, ao que interessa. Tenho de falar-te de uma grande empresa. Espera.

Sabes por que é que as grandes empresas fracassam?

É indubitável que há atualmente homens bons, que querem fazer grandes coisas por Cristo. Começam com grandes arranques. E contam com muitos meios. E, pouco depois de começarem, já são muitos. E querem fazer tudo imediatamente. E... o fracasso é completo e estrepitoso.

À medida que essas grandes empresas nascem, as anteriores submergem. E hão de surgir outras novas, quando as mais recentes se desmoronarem.

Nunca reparaste na razão de tanta frustração nas obras dos homens? E a falta de critério sobrenatural e humano. Começam sempre por cima, esquecendo-se da norma elementar de toda a construção, que é começar por baixo. Que fazemos com as bandeiras agitadas pelo vento, se não dispomos de uma torre e de uns alicerces que as sustentem?

Tu e eu vamos começar por baixo, alicerçando-nos firmemente. Em quem? Em Cristo. Conheces outro alicerce para a vida do cristão?

A empresa de que te quero falar apresenta-se cheia de grandiosidade. Temos de começar por baixo. Por Cristo e pelo lar.

O que me preocupa é o lar, muito mais do que o ambiente maligno e virulento da rua. O que me tira a tranquilidade é a vida que os teus filhos aprenderão a viver em tua casa, à vista do teu exemplo, ao contágio da tua vida; não é tanto o que possam aprender da infidelidade e da deslealdade dos outros. O que me inquieta é saber se lhes podes dar o "muito" que é necessário para se viver cristãmente nos nossos dias.

Imaginas que mundo poderemos preparar para amanhã, se conseguirmos que esses teus filhos tomem consciência, desde já, de que Cristo vive; de que é necessário servir a Igreja, e estar disposto a perder as posses, a honra e a vida, se for preciso; de que Cristo tem direitos na sociedade? Direitos que só os infames podem negar, direitos que é preciso fazer valer e, para isso, os cristãos necessitam atuar na vida pública, impedindo que a Vida seja asfixiada, soterrada, e apodreça nas consciências!

Reparas no que podemos fazer amanhã, num amanhã cuja aurora já desponta, se agora formamos os teus filhos, os nossos homens, tal como Deus e a Igreja o querem? Leais, decididos, resolutos, empreendedores, responsáveis, laboriosos, amigos da liberdade, sem medo, sem falsas vergonhas, sem escrúpulos, sem temor; com esperança, com amor, com um grande amor, com uma caridade forte, que os leve tanto a dar de comer a quem tem fome como a despertar os adormecidos, que são muitos e se arriscam a perder o Céu.

Os filhos! Os teus filhos! São a esperança de Deus!

Começas a pressentir aquilo que te quero dizer nesta carta?

Por que ficas pensativo? Parece-te pequena a empresa, ou impossível de realizar por ser grande demais? Não sabes que contamos com Deus? E *quem é semelhante ao nosso Deus..., que faz com que a estéril, sem família, se sinta mãe gozosa de filhos?* (Sl 112, 5-9).

Não sejas pessimista. Anda! Vamos adiante.

Escrevo a vós, que sois pais

Escrevo-te a ti, que és pai. Quero falar contigo, que és mãe. Quero conversar com os dois, com todos os que têm — devem ter — a satisfação, o encanto, a alegria de ser colaboradores de Deus no nascimento e na educação dos seus filhos; com todos os que alimentam a nobre ambição de formar homens leais, íntegros, confiantes, responsáveis em face de Deus e em face do mundo.

Também quero falar convosco, que conheceis de perto a dor da vida e não quereis que os vossos filhos escutem os gritos do pecado.

Também escrevo estas páginas a todos os que quiserem começar novamente a vida porque caminham cheios de pesar. Oferece-se a vós um caminho novo, para que os vossos filhos não tenham de lamentar-se daquele que terão.

Também te escrevo a ti, Carlos, e a todos os que, como tu, sofreram sozinhos ao verem o recém-nascido... cego. Compreendo a tua dor, que se fez letras na tua carta. Sirva este livro de resposta a ela. Compreendo a tua aflição... e não te lamento. Não quero lamentar-te. Se o Senhor te tratou como a um filho forte, é porque não tem medo de ver-te chorar, embora assim mo confessas na tua carta: "a cruz se torne por vezes excessivamente pesada". Permite-me que te diga com Santa Teresa: "Àqueles a quem muito quer, o Senhor leva-os por caminhos de trabalhos e, quanto mais os ama, maiores".

Como cristão e como amigo, dir-te-ei que Deus contava com o teu filho cego para fazer grandes coisas; talvez para dar luz aos homens na terra. Não me consideres homem sem coração. Tenho coração e choro contigo a tua desgraça. Mas também devo dizer-te, como cristão, como amigo e como sacerdote, que a cegueira do teu filho é boa. Ajudar-te-ei a empregar todos os meios humanos e sobrenaturais para que o teu filho possa um dia abrir os olhos. Alegrar-me-ei contigo. Faremos uma festa. Mas se Deus, o bom Pai-Deus, quiser que os olhos da criança só se abram no Céu, hei de ajudar-te a dar-lhe graças, porque, *para os que amam a Deus, tudo é bom.*

Também quero falar contigo — covardezinho —, que andas tão entusiasmado com os teus filhos que te aterroriza pensar que um dia possas deparar com a contrariedade. Dá a impressão de que tens receio de falar em voz alta da alegria que os teus te proporcionam, como se tivesses escapado à dor que o Senhor reparte por todos. Pensas acaso que Deus não sabe o que se passa contigo? Levanta a cabeça e reconhece o dom que o Senhor te concedeu. Não vês que, de outro modo, estás a ser ridiculamente

INTRODUÇÃO

supersticioso? Goza e sonha com os filhos, mas dá graças a Deus. Por que te encolhes dessa maneira? Pensas que o Senhor não quer que sejas feliz na terra?

Escrevo estas linhas aos que têm e querem ter filhos. Àqueles que não os têm, porque o nosso Pai-Deus não quis que os tivessem, a esses não posso dizer nada nesta carta. Mas quanto aos que não os têm porque são malditos e fecharam brutalmente as fontes da vida, esses que não leiam estas páginas, porque vou falar de *amor* e não me podem entender. Hão de querer traduzi-lo por *carne* e essa linguagem só se fala no inferno. Que se arrependam, que desandem o caminho andado, que mudem de vida.

Que mágoa senti quando aquele ancião acabou de falar:
— Tenho as mãos vazias e a morte me faz medo, muito medo.

Sem pretender arranjar uma desculpa para desviar o diálogo, sinceramente, com o coração, respondi-lhe:
— O senhor tem dez filhos. São dez obras boas, daquelas que contam muito para entrar no Céu.

Com infinita tristeza, respondeu-me:
— Não, não. Tive-os porque nessa altura ainda não se conheciam estes processos de agora. Do contrário, não os teria tido.

Fez-se um silêncio acabrunhante, que ainda hoje perdura em mim.

Lembro-me perfeitamente daquela árvore em que o homem se apoiava. E das outras árvores à volta, olhando para nós. E o ancião, a árvore e eu ficamos cheios de amargura.

Esquece a cena. Quero que leias este livro com alegria. Tens motivos, muitos motivos para estar alegre.

Esquece, por umas horas que seja, as preocupações que te invadem diariamente a alma aos empurrões. Não faças cara de cansaço. Quero que estejas contente. Tens razão para estar alegre.

Deus confiou a uns homens a vida das nações; distinguiu outros com a responsabilidade das grandes obras divinas e humanas; conduziu uns por estradas largas e outros por atalhos e sendas sem relevo nesta terra, com uma grande promessa para a outra...

Tu podes ter sido escolhido para estes ou para outros destinos semelhantes; mas além disso, e acima de tudo, recebeste nas tuas mãos — puras? — a vida de umas crianças, anjos bochechudos ou pequenos diabos, pela qual tens de responder séria e sinceramente quando Deus te chamar a juízo ao fim destes breves anos em que todos envelhecemos, na nossa passagem pelo mundo. "Só então veremos claramente" — diz Garrigou-Lagrange — "tudo o que nos era exigido pela nossa vocação particular ou individual: de mãe, de pai, de apóstolo".

Alegra-te, pai, mãe, apóstolo, porque Deus pediu a tua colaboração.

Nesta vida, podem fazer-se muitas coisas grandes. Nenhuma, porém, tão nobre, preclara e bela como esta: ajudar um filho a tornar-se homem, cristão, santo.

Grande e sublime missão a tua, mãe, porque será tua a glória dos teus filhos. Que coisas não quis dizer aquela mulher emocionada à vista de Cristo e entusiasmada com a sua Mãe! No meio do povo, demonstrou o seu agradecimento com um grito: *Bem-aventurado o ventre que te trouxe!* Bem-aventuradas as mães que se esforçam por formar cristãmente os seus filhos!

Embaixada sacrificada a tua, pai, que não verás por muitos dias o fruto dos teus trabalhos.

INTRODUÇÃO

Ação desinteressada há de ser a tua e a minha, para os deixarmos caminhar pela vida depois de lhes termos dado a nossa, dia a dia.

Missão grande, nobre, bela e cheia de preocupações. Tremenda a responsabilidade que caiu sobre os teus ombros; responsabilidade que não podes iludir nem suavizar.

Conheces outra finalidade da educação que não seja a de ajudares os teus filhos a tornarem-se outros Cristos? E não te lembras de que Ele morreu na cruz, na tarde da Sexta-feira Santa?

Terás que passar por desvelos, tristezas e receios; por desalentos, desassossegos, cuidados e preocupações; hás de passar por sonhos e esperanças. E chegareis, pais, chegareis, mães, às grandes alegrias, aos grandes alvoroços, aos grandes entusiasmos, às grandes realidades. Chegareis a dar um fruto inegável.

Há dez anos, escrevi-te a primeira carta. Foi composta junto de um velho moinho, dourado pelos sóis de Castela; esta, escrevo-a de um casarão basco, coberto de brumas marinhas, que se chama Gaztelueta. Tenho à minha volta 270 rapazes. Se há borrões na carta, a culpa não é minha. E se, ao lê-la, notas alguma vez que perdi o fio da meada, não ponhas a culpa no editor. A culpa têm-na toda estes rapazes, que me levam o fio, a trama, os caramelos, a paciência e a vontade de rever o que escrevi anteriormente.

Neste livro, não encontrarás soluções concretas para pequenos problemas pedagógicos. Procura-as noutra parte; hás de encontrar muitos e bons livros que as sugiram.

Eu pretendo apenas falar-te de Deus e dos filhos.

Não é verdade que te lembras de meia dúzia de coisas dos teus pais que te serviram de guia na tua vida? É precisamente disso que se trata. Dessa meia dúzia de coisas que hoje estão tão esquecidas.

Quero falar-te das grandes orientações que hão de estruturar a tua vida, a do teu lar, a dos teus filhos, para que possais chamar-vos, eles e tu com plenitude filhos de Deus.

PRECEITOS DIVINOS

Enchei a terra

> "É preciso esforçar-se por cumprir generosamente o dever da fecundidade" (Pio XI).

Ouve-me! Tu tens filhos? Quantos?

Não esqueças que Deus é suficientemente poderoso para fazer com que nasçam filhos das próprias pedras; mas, apesar disso, continua a querer que sejas tu o colaborador.

Não deturpes a vocação recebida de Deus, porque Deus te pede filhos. Há vinte séculos que amaldiçoou a figueira por não dar fruto.

"Néscias, inconscientes e desgraçadas as mães que se queixam quando uma nova criança se abraça ao seu peito e pede alimento à fonte do seu seio!" (Pio XII).

É Deus que vos pede que santifiqueis a vossa vida matrimonial com o cumprimento do primeiro dos fins do casamento. É preciso que tenhais filhos, que produzais fruto!

Se não tiverdes filhos, acabareis por ter cães! "São muito poucos os que hoje em dia falam da necessidade de ter filhos", dizia-me uma boa mãe. Sem dúvida, são muito poucos. Não vedes que é necessário gritar às pessoas para que reparem no que Deus pede aos seus?

Ao percorrer as livrarias, encontrei um sem-fim de livros e folhetos que descrevem os processos para não ter filhos *sem pecar*. Páginas incontáveis falando-nos da mesma coisa. Andamos sempre a rondar os limites do pecado! Nada que nos leve a olhar para o alto; nada que se pareça com a generosidade do nosso Pai-Deus para conosco. Que reles e tacanhos são os homens!

A egolatria de hoje, causa de todas as crises em que nos debatemos, levou muita gente a estudar com pormenor, com precisão, os dias agenésicos, com o único "fim" de camuflar o seu cálculo, a sua esperteza de matuto, o seu egoísmo, o seu desejo de gozar sem responsabilidades e sem filhos.

Escuta-me. Desse cúmulo, dessa montanha de egoísmo, o único que tira fruto e partido é o diabo, que é o primeiro interessado em que haja poucos filhos no Céu. Estão a fazer o jogo do diabo, um jogo revoltante, sujo, asqueroso.

Não posso calar-me. Não podemos andar com paninhos quentes se pretendemos curar uma ferida que rói a sociedade atual e que tem todos os sintomas da gangrena. É preciso amputar, para que a gangrena não chegue ao coração.

Se fossem pagãos, não me incomodaria de que falassem de restrições à natalidade. Mas são católicos!

A primeira ideia que tive ao escrever este livro foi falar-te da educação e da formação dos filhos. Mas quantas vezes perguntei a mim mesmo: educação de quem? Dos filhos? Mas se não os têm!

Esquecidos! Por que vos esqueceis dos gritos de Deus: *Crescei e multiplicai-vos, enchei a terra*?

Crescer, multiplicar-se e encher a terra de cristãos é uma bênção e uma ordem do Senhor aos que — por vocação divina — foram chamados ao casamento. O casamento é para gerar homens: "Para que, graças a vós, aumente a multidão dos filhos de Deus e se complete o número dos escolhidos" (Pio XII).[1]

Será possível, pais, que tenhais esquecido o que a dignidade vos exige? Não reparais que sois colaboradores de Deus na transmissão da vida? Vós dais o corpo, e Deus completa a vossa função criando uma alma diferente para cada filho. Sois como que participantes do poder com que Deus criou o homem a partir do barro.

Deus te pede filhos porque "precisa" deles. Deus tem o direito de que nasçam homens na tua família. Escolherá de entre eles os heróis, os intrépidos, os sacerdotes, os propagadores do Evangelho, os que hão de viver, no mundo ou fora dele, totalmente consagrados às coisas divinas. Dentre eles escolherá os guerreiros, os invencíveis... e os pais e as mães que, sem relevo na terra, gozarão no céu de toda a glória alcançada pelos seus filhos. Escolherá dentre eles os "sucessores do seu primeiro Vigário no governo universal de toda a sua grei" (Pio XII).

Os filhos são um dom de Yavé; é mercê dele o fruto do ventre (Sl 126, 3).

---

[1] A doutrina do Magistério da Igreja de que esta obra se faz eco foi posteriormente enfatizada em sucessivos documentos, dos quais mencionamos os mais importantes: Constituição Pastoral *Gaudium et Spes*, do Concílio Vaticano II, 2ª parte, cap. 1ª, 07/12/1965; Encíclica *Humanae Vitae*, de Paulo VI (25/07/1968); Exortação Apostólica *Familiaris Consortio*, de João Paulo II (22/11/1981); Alocuções de João Paulo II sobre a *Humanae Vitae*, verão de 1984. Citamos trechos desses documentos nalguns pontos da explanação do autor.[N. E.]

"Com a criação do homem e da mulher à sua imagem e semelhança, Deus coroa e leva à perfeição a obra das suas mãos: Ele chama-os a uma participação especial do seu amor e do seu poder de Criador e de Pai, mediante uma cooperação livre e responsável deles na transmissão do dom da vida humana: Deus abençoou-os e disse-lhes: *Crescei e multiplicai-vos, enchei e dominai a terra* (Gn 1, 28). Assim, a tarefa fundamental da família é o serviço à vida. É realizar, através da história, a bênção originária do Criador, transmitindo a imagem divina da geração de homem a homem. A fecundidade é o fruto e o sinal do amor conjugal" (*Familiaris Consortio*, n. 28).

O quê! Não destinou Ele marido e mulher para que fossem uma só coisa? E essa coisa única, para quê? Para gerarem *uma posteridade para Deus* (Ml 2, 15).

A mulher *salva-se gerando filhos*, diz-nos São Paulo (1 Tm 2, 15).

"Acaso não vos unistes livremente, diante de Deus... para Lhe pedirdes santa e livremente... essas almas que Ele está desejoso de vos confiar?" (Pio XII).

Pais! (Agora vos escrevo em voz baixa): Se o amor dos esposos não termina em filhos, é que truncaram, violaram o amor. O amor do homem e da mulher exige filhos. Um amor autêntico, um amor verdadeiro tende para o filho como fim natural.

Eram esses os sentimentos dos cristãos da primeira hora. Escuta as palavras de Atenágoras: "Se tivermos esperança na vida eterna, desprezaremos as coisas da vida presente e até os prazeres da alma, tendo cada um de nós por mulher a que tomou de acordo com as leis que por nós foram estabelecidas, e esta em vista da procriação dos filhos. Porque, à semelhança do lavrador que, depois de lançada a semente à terra, espera pela ceifa e não continua a semear, também para nós a medida do desejo é a procriação dos filhos".

Almas podres!

> Pais! Quereis dar bons educadores aos vossos filhos? Dai-lhes muitos irmãos!

Já sei que estais olhando à vossa volta para vos poderdes justificar. Sei muito bem que à vossa volta também não há filhos. Vão desaparecendo do campo e da cidade, de entre os pobres e do meio dos ricos, de toda a sociedade.

Sei bem que, se falardes em ter filhos, em ter muitos filhos, sereis olhados como doidos. Hoje? Nestes tempos, com as dificuldades atuais? Que loucura!

E para vos assustarem ainda mais, hão de lançar mão de chavões tirados de livros infames. Hão de intoxicar-vos com "razões" políticas, sociais, econômicas... "A população do mundo cresce de modo alarmante", "chegará o dia em que a terra será incapaz de alimentar os homens".

Gritai-lhes que mentem; que a terra dará sempre o seu fruto, se o homem a trabalhar como Deus lhe mandou! É a terra da alma de muitos que se encontra podre e não dá nada.

Dizei-lhes que essas dificuldades atuais, a carestia da vida, a insuficiência dos ordenados e salários..., são muitas vezes mentiras envernizadas de razões para deixar de cumprir a vontade de Deus.

Conheço muito de perto as dificuldades atuais. Penso que são razões poderosas para que determinada família não possa ter mais de três filhos. Mas nunca me podereis convencer com os vossos pobres argumentos de que deve ser essa a tônica dominante. Os ricos têm menos filhos do que os pobres! As estatísticas falam bem alto. São algumas zonas das mais abastadas do mundo as que têm índice de natalidade mais baixo.

Àqueles que não quiserem ter mais filhos, atirar-lhes-ei em rosto o único argumento que na realidade poderiam esgrimir para justificar a sua infecundidade: a falta de espírito cristão na família. Não existe outro.

Não quisestes compreender — não vos convinha — que o fato de ser discípulo de Cristo exige sempre que se pegue na Cruz e se caminhe por um caminho de sacrifício.

Para ressuscitar, é necessário morrer primeiro. O fato de ser cristão exige renúncia e heroísmo. A santidade reclama que se vivam as exigências da vocação de cristãos até às suas últimas consequências.

Gostaria de ver-vos há mil e novecentos anos, quando a conversão ao cristianismo supunha a pena de morte. Tenho a certeza de que mais do que um dos que agora não querem ter filhos, teria continuado naquele tempo a atirar incenso aos ídolos, mesmo que fosse muito incenso, pois sempre era mais econômico do que perder a vida.

Que querem? Gozar do matrimônio fugindo às responsabilidades que traz consigo? Então digam-no de uma vez! Mas não queiram vestir o seu egoísmo com roupagens cristãs.

Estão transformando o matrimônio — abençoado por Cristo — num pobre, vulgar e rasteiro comércio de carne. Estes também se encontram entre os traficantes do Templo. Traficam com a carne! Não os expulsará Deus do leito, às chicotadas? Calculistas, espertalhões, covardes, egoístas, comodistas, avaros, luxuriosos, preguiçosos!

Queres que somemos todos os epítetos?

$$\begin{array}{r}\text{Cálculo}\\ \text{Tacanhice}\\ \text{Covardia}\\ \text{Egoísmo}\\ \text{Comodismo}\\ \text{Avareza}\\ \text{Luxúria}\\ +\quad\text{Preguiça}\\ \hline \text{Total}\ldots\ldots\text{Controle da natalidade}\end{array}$$

Não apagueis deliberadamente a vida. O controle da natalidade é um insulto à Providência e à Cruz de Cristo.

Queres lembrar-me — e fazes bem — que a Santa Madre Igreja também falou sobre o assunto, que o Santo Padre apontou exceções. É claro que existem exceções! Mas não as converteste em norma geral? Ponhamos as coisas no seu devido lugar.

Realmente, é possível limitar licitamente a prole. Estou falando com cristãos, e será conveniente lembrar que nunca o podem fazer com meios intrinsecamente maus, que atentem contra a lei de Deus, que viciem o ato conjugal. Nenhuma circunstância, por mais grave que seja, pode legitimar semelhante conduta.

É lícito limitar a prole, recorrendo às épocas de esterilidade natural, *quando existem motivos graves*, como no caso de prescrição médica ou por razões de ordem eugênica, econômica ou social. Quero, porém, esclarecer-te que nunca são motivos graves nem a comodidade, nem o egoísmo, nem a sensualidade, nem a avareza, nem a preguiça.

"Mas se não existem essas graves razões pessoais ou derivadas de circunstâncias exteriores" — diz Sua Santidade Pio XII —, "a vontade de evitar habitualmente a fecundidade da união, embora se continue a satisfazer a sensualidade, não pode deixar de provir de uma falsa apreciação da vida e de motivos alheios às retas normas éticas".[2]

---

2 "Em relação com as condições físicas, econômicas, psicológicas e sociais, a paternidade responsável põe-se em prática quer com a deliberação ponderada e generosa de ter uma família numerosa, quer com a decisão, tomada por graves motivos e respeitando a ordem moral, de evitar um novo nascimento durante algum tempo ou por tempo indefinido. A paternidade responsável comporta sobretudo uma vinculação mais profunda com a ordem moral objetiva. estabelecida por Deus, cujo fiel intérprete é a reta consciência" (*Humanae Vitae*, n. 10).

Gostarias que te expusesse os motivos graves de exceção, esmiuçando os pormenores. Não quero. Se te consideras dentro da exceção, consulta a quem de direito. Porém, antes de expores o teu caso, pensa no que te digo, pois há doentes viciados que andam de médico em médico até encontrarem um que os deixe fumar e beber. Compreendes? Há muitos modos de apresentar o teu caso.

Há um processo maravilhoso de controlar a natalidade, que condiz perfeitamente com os desejos de perfeição. Sabes qual é? A continência![3]

"As condições da vida atual, diferentes em muitos aspectos das de outros tempos, e diferentes nos diversos países, não justificam certamente o egoísmo, ou um temor sem confiança em Deus, no cumprimento desta primordial missão dos esposos" (Paulo VI, *Discurso*, 12/12/1966).

"O recurso aos 'períodos infecundos' na convivência conjugal pode ser fonte de abusos se os cônjuges tratam assim de iludir sem razões justificadas a procriação, rebaixando-a a um nível inferior ao que é moralmente justo. É preciso que se estabeleça este nível justo tendo em conta não só o bem da própria família e estado de saúde e possibilidades dos próprios cônjuges, mas também o bem da sociedade a que pertencem, da Igreja e até da humanidade inteira" (João Paulo II. *Aloc. sobre a 'Humanae Vitae'*, 05/09/1984, n. 3).

3 "O domínio do instinto, mediante a razão e a vontade livre, impõe, sem nenhum gênero de dúvida, uma ascética, para que as manifestações afetivas da vida conjugal estejam em conformidade com a ordem reta e particularmente para observar a continência periódica. Esta disciplina, própria da pureza dos esposos, longe de prejudicar o amor conjugal, confere-lhe um valor humano mais sublime. Exige um esforço contínuo, mas, em virtude do seu influxo benefícioso, os cônjuges desenvolvem integralmente a sua personalidade, enriquecendo-a de valores espirituais; trazendo para a vida familiar frutos de serenidade e de paz e facilitando a solução de outros problemas; favorecendo a atenção para com o outro cônjuge; ajudando a superar o egoísmo, inimigo do verdadeiro amor, e enraizando mais o seu senso de responsabilidade" (*Humanae Vitae*, n. 21).

"E, esta (a castidade), quando passa a ser, como deve, pedagogia do corpo, que constitui na realidade o 'método' moralmente honesto da regulação da natalidade entendido no seu sentido mais profundo e mais pleno" (João Paulo II, *Aloc. sobre a 'Humanae Vitae'*, 05/09/1984).

"Quanto à *castidade* — refiro-me ao espírito de castidade —, é necessário fazer compreender ao mundo que não se trata de uma energia acessória, marginal, necessária apenas em certos estados de vida, e de que os homens podem prescindir. O domínio do espírito sobre a carne não é uma especialidade dos que renunciaram, por causa de um amor maior, ao exercício das faculdades

A todos aqueles que pretendam refugiar-se hipocritamente na doutrina da Igreja, a fim de continuarem a fazer uso das suas manhas, trago aqui as palavras do Pontífice Pio XII. Queres saber qual é a melhor conduta para os homens cristãos, qual é realmente a conduta santificadora e mais grata aos olhos de Deus?

Ouve:

"A nossa principal complacência e a nossa gratidão paternal vão para aqueles casais generosos que, por amor a Deus e confiando nele, mantêm corajosamente uma família numerosa".[4]

"O indivíduo e a sociedade, o povo e o Estado, a própria Igreja, dependem na sua existência, dentro da ordem querida por Deus, do matrimônio fecundo".

Não te repetirei a citação, mas quero que voltes a lê-la.

---

da carne: este domínio é necessário para a dignidade humana. Reporta-se à virtude que os antigos chamavam temperança, e que não significa senão o domínio e a posse de si mesmo; eu me atreveria a dizer que a castidade consegue uma coisa que os modernos, com toda a razão, amam intensamente; isto é, a disponibilidade, a autonomia, a liberdade... Sei que haverá quem objete: 'Isso é impor à natureza humana um jugo demasiado duro'. Mas o que é a natureza humana? Chamaremos natureza humana àquilo que o homem ordinário é, em consequência de tantos e tantos erros e de tantos e tantos condicionamentos? Ou antes a natureza humana é o que o homem deveria ser, o que o homem pode ser, com a graça de Nosso Senhor Jesus Cristo?... Se o mundo despreza o espírito de castidade, isso se deve a que perdeu as esperanças de alcançá-lo. E também porque, em virtude desta desesperança, discute e nega o que perdeu" (Guitton, *Diálogos com Paulo VI*).

[4] "... Confiando na Providência divina e cultivando o espírito de sacrifício (cf. 1 Cor 7, 5), os esposos cristãos dão glória ao Criador e buscam a perfeição em Cristo, quando cumprem a missão procriadora com responsabilidade generosa, humana e cristã. Entre os cônjuges que desta maneira cumprem o dever que Deus lhes confiou, merecem uma menção especial os que, de comum acordo e prudentemente, recebem com magnanimidade uma prole mais numerosa e a educam dignamente" (*Gaudium et Spes*, n. 50).

"A Encíclica *Humanae Vitae* apresenta a 'paternidade responsável' como expressão de um alto valor ético. De maneira nenhuma tem em vista unilateralmente a limitação e, menos ainda, a exclusão da prole; pressupõe também a disponibilidade para acolher uma prole mais numerosa" (João Paulo II, *Aloc. sobre a 'Humanae Vitae'*, 05/09/1984).

Continua a dizer o Papa: "Por isso, abraçar o estado matrimonial, usar continuamente da faculdade que lhe é própria e só dentro dele é lícita, e, por outro lado, subtrair-se deliberadamente sem grave motivo ao seu dever primário, seria pecar contra o próprio sentido da vida conjugal".

Generosidade e confiança em Deus! São estas as duas causas profundas de toda a família numerosa.

E são precisamente estas as duas virtudes de que tu careces.

Não me perguntes quantos filhos deves ter. "O bom amor conjugal" — diz um autor moderno — "aspira à glória da fecundidade e nela deposita o seu orgulho. A glória da fecundidade, todavia, não reside na fecundidade a conta-gotas. É uma fecundidade abundante, que aspira à abundância e pede razões, não para ter filhos, mas para limitar o número deles".

Nem Cristo, nem a sua Igreja, nem as leis humanas nos determinam esse número mínimo que tu pedes.

Posso dizer-te que o número de três é o mínimo necessário para que os homens não venham a desaparecer da terra com o andar dos tempos. O outro número, o máximo, hão de ditar-te a tua fé, a tua esperança e a tua caridade, o teu amor ao Senhor.

Tão responsáveis sois vós, pais que não gerais filhos para o Céu, como o seriam os sacerdotes que não se esforçassem por formar Cristo nas almas, ou os cristãos que não se preocupassem pelo reinado de Cristo na sociedade.

O proselitismo mais eficaz que vós, pais cristãos, podeis levar a cabo é este: ter filhos, muitos filhos. Os escritores semeiam letras; os oradores, palavras; os teólogos, doutrina. Vós, pais, semeais vida.

Os gritos dos não-nascidos

Eu te digo com o sétimo dos Macabeus: "Os meus irmãos, depois de terem suportado um tormento passageiro, bebem a água da vida eterna" (2 Mac 7, 36).

E grito-te com aquele que não chegou a nascer no grande teatro do mundo: "Há glória e tormento, mas eu não tenho glória nem tormento".

Agora calo-me. São outros os que te vão falar.

Nunca ouviste as vozes que se erguem do reino dos não-nascidos? É um reino em que só há vozes, gritaria e ansiedade; vozes, gritos e ânsias que quereriam fazer-se carne.

Tenho fome. Por que não me dais de comer? Tenho sede. Por que não me dais de beber? Tenho frio. Por que não me cobris com os vossos farrapos?

Ando a peregrinar pelo nada. Por que não me dais refúgio?

Não me vedes encarcerado, doente, sem vida?

Por que não escutais os meus gritos?

Queria beijar-vos, meus pais. Por que fugis de mim? Que mal vos fiz?

Não ouvistes que é preciso amar o próximo como a nós mesmos? Por que não me dais sequer a vida?

Tenho fome e sede de vida! Não me ouvis? Quero viver!

Também tu, mãe, não me queres ouvir? Mãe, mãe! Chamo-te mãe, pensando que algum dia poderei dizer-te de verdade: mãe boa, mãe bonita, mãe carinhosa!

Não, mãe, não sofro; aqui, no reino dos não-nascidos, ninguém pode sofrer..., nem sequer gozar de Deus na eternidade.

Que dizes, mãe? Que sois muitos para um pedacinho de pão? Mas é só um, mãe! Ao parti-lo, tocar-vos-á a todos um bocadinho menos, mas... tornar-me-eis feliz!

Que coisas dizes, mãe! Que na vida terei trabalhos e fadigas? Não te lembras de que Cristo disse que é preciso suportá-los?

Há muitas tribulações? E dizes-me isso acabrunhada! Mas é preciso considerar as tribulações como uma enorme alegria, mãe (Tg 1, 2).

Aí sofre-se muito? Que me importa! Olha, se padecermos alguma coisa por amor da justiça — disse-nos São Pedro — seremos bem-aventurados (1 Pd 3, 14).

Desde que tenhamos o que comer e com que nos cobrir — disse-nos São Paulo —, *devemos dar-nos por satisfeitos* (1 Tm 6, 8).

E eu, mãe, não tenho nada que comer nem com que cobrir o meu nada. Não posso estar contente... É esse o meu tormento.

Se soubesses a santa inveja que sentimos quando ouvimos Cristo dizer: *Meus filhos! Meus amigos!*

Conheço todas as objeções, todos os pretextos, todas as desculpas que esgrimes em face dos estranhos para justificar a tua voluntária e forçada esterilidade; porém, não nos convencem nem a nós nem a Deus.

À vista das misérias, das desventuras, das desgraças e dos infortúnios, Cristo exclamou: *Vinde a mim todos os que andais atormentados com trabalhos, que Eu vos darei alívio!*, e: *Bem-aventurados os que choram*. E, no entanto, nós somos os únicos que não podemos aproximar-nos nem chorar, porque vós nos impedis de fazê-lo. Fechastes-nos a passagem, pais cristãos! Que Deus vos perdoe!

Tu quiseste, Jesus, que todos os meninos corressem para Ti, mas os pais não nos deixam.

Tu mandaste que não nos impedissem de nos aproximarmos de Ti, e os pais estorvam-nos, Jesus; estorvam-nos.

Tu ensinaste, Jesus, a quem Te quis escutar: vale mais um homem do que uma ovelha (cf. Mt 12, 12). Mas são tão poucos os que fazem caso de Ti, Senhor! Para os cristãos de hoje — que, pelo visto, não leem o Evangelho — os filhos valem menos do que os cabritos.

Tu ensinaste aos homens que não jogassem aos cães e aos porcos as suas pérolas e as coisas santas, mas nós, os não-nascidos, pensamos: a quem as hão de jogar, se não têm filhos?

Aqui, no reino do nada, no reino do amor impossível, perguntamos se não terá chegado já o fim dos tempos, o tempo perigoso, uma vez que nos tempos futuros — diz a Escritura — *levantar-se-ão homens egoístas..., desnaturados, desleais, duros..., desumanos, traidores, orgulhosos e mais amigos dos prazeres do que de Deus, aparentando piedade, mas renunciando ao seu espírito* (2 Tm 3, 1–5).

O fim dos tempos!

O que o filho não vos pode dizer, posso dizê-lo eu como amigo.

Sim, sois cobiçosos. O dinheiro vos faz apodrecer.

Sois desumanos, com carniça no coração.

Sois traidores e falsos, fariseus, com aparência de piedosos. Mais avaros de deleites do que de Deus.

Quereis dinheiro? Ficai com ele! Guardai-o bem! Devo, porém, dizer-vos que receio que no dia do juízo vos possam condenar como ao mago Simão: *Que o teu dinheiro pereça contigo.*

Conjuro-vos pelo Senhor — ensina Paulo novamente — *a que vos porteis de modo digno da vocação a que fostes chamados* (Ef 4, 1).

Se quereis ter dinheiro, podeis guardar parte do preço do vosso campo para os vossos caprichos. Quem vos impede de guardá-lo? Mas não dissimuleis, como Ananias e Safira. Não mintais. Não queirais aparentar que o dinheiro que tendes é pouco para terdes mais filhos. Não sejais mentirosos; não aconteça que Deus vos castigue com a morte, por terdes negado a vida aos vossos filhos.

Por que voltais a argumentar com a possível miséria que os espera entre vós? Havia pessoas que seguiam a Cristo *sem terem o que comer* (Mt 15, 32), mas seguiam-no! É isso precisamente o que é preciso fazer na vida.

Mãe! Se te pudesse dizer tudo o que penso desse pouquinho de fome que se pode sentir por um pouco de tempo nesta terra, antes de entrar no Céu...

Vou contá-lo. Ouve-me. Gostaria de ser como aquele rapazinho que, perto de Betsaida — lembras-te? —, quando André andava como doido à procura de pão para os cinco mil homens, lhe deu os seus cinco pães e os seus dois peixes, que a mãe lhe tinha preparado ao sair de casa. Gostaria de ser como aquele rapazinho.

Entregou-lhe tudo. Entregou-lhe tudo o que tinha. Os pães de cevada e os dois peixinhos foram parar às mãos do Senhor.

Se visses, mãe, como se multiplicavam os peixes nas mãos de Pedro, de André, de João e de Tiago! Até nas mãos de Judas se multiplicavam! Que sorte a daquele filho com os pais que tinha, que lhe haviam dado a vida e os pãezinhos!

O rapaz ficou sem pão e sem peixes. E daí, mãe! Não vês que deu de comer — com Ele — a cinco mil homens?

PRECEITOS DIVINOS

Aqui, no reino dos não-nascidos, não posso fazer nada para aliviar a fome dos homens. Não posso fazer nada por eles.

Se tu soubesses! Eu também tenho fome, mãe, fome de vida. Mas nós, por mais fome que tenhamos, nunca seremos bem-aventurados.

Tenho por certo que os sofrimentos do tempo presente não são nada em comparação com a glória futura que haverá de manifestar-se em nós (Rm 8, 18).

Não é verdade que não vos dizem nada estas palavras da Sagrada Escritura? Que vos hão de dizer? Vós, desconhecedores da doutrina cristã, preferistes aprender a lição da prudência humana: ponderação, muita ponderação; medida, reserva, previsão, muitíssima previsão; moderação, nada de expor-se, e poucos filhos!

Somais os rendimentos e os dividis por uma parcela composta de geladeira, férias, casa na praia, televisão, cozinha elétrica e outras comodidades. Que pena! Não resta nada para o novo filho.

Que prudência, a vossa! É prudência sem dúvida de serpente. Não vos lembrais de que também é necessário sermos simples como as pombas? A comparação do Senhor não se refere apenas àquilo que se arrasta pelo chão. Ele também quer que vos pareçais àquilo que voa pelas alturas.

Pensáveis que a prudência de que o Senhor nos fala é a prudência da carne? Não! A prudência da carne é morte. Cristo repelirá e destruirá essa prudência dos prudentes segundo a carne.

De Corinto, São Paulo admoestava os romanos: Pagai a todos o que deverdes; a quem o imposto, o imposto; a quem o temor, o temor; a quem a honra, a honra.

Nós vos admoestamos, do nada: pagai a todos o que deverdes; a quem a vida, a vida.

Não tenhais medo, porém. Não vos podemos fazer mal.

Ao lerdes estas páginas, pensareis possivelmente naqueles dias em que a carne levou de vencida o espírito, e fizestes o possível e o impossível para que não chegássemos ao reino dos nascidos; mas deixareis de ler esta carta, e voltareis a esquecer-vos de nós. Não tenhais medo. Não tornaremos a aparecer na vossa vida. Não tenhais medo. Os fantasmas não existem. Podereis dormir tranquilos. Vereis que paz ides sentir. Uma paz que não vem de Cristo. Uma paz que cheira a inferno, mas que continua a ser chamada paz por todos os que se servem do matrimônio como se fosse um campo imenso onde apenas se semeiam prazeres.

Não voltaremos a dizer-vos nada. Não são muitos os que falam de nós hoje, na vossa terra. Fala a Igreja de Deus, mas não acham conveniente escutá-la. São poucos os que nesse reino dos nascidos se lembram de nós. Ninguém vos incomodará. Gozai sem compromissos. Ninguém vos dirá nada. E se alguém na Igreja vos lembrar alguma coisa, não façais caso. Fazei o que fazeis com esta carta. Rasgai-a. Tapai os ouvidos.

Não é verdade que, apesar de tudo, não quereis ter mais filhos? Então, continuai com as vossas manhas e as vossas fraudes. Fartai-vos de pão, comilões. Que gozeis muito por essa terra que eu não conheço. Que gozeis muito!

Diverte-te, mãe. Diverte-te muito.

Se visses como choro! Sem poder ir para o Céu, para o meu Céu! Para sempre. Privais-me do Céu para sempre! Mas... diverte-te! Comigo nas tuas entranhas, não poderias divertir-te tanto, bem o sabes!

Diverte-te tu também, pai!

Vai à igreja e diz a plenos pulmões — fariseu —: Eu não sou como os outros homens; jejuo, dou esmola, cumpro as minhas obrigações. Dize-o aos gritos, e sairás pior do que entraste.

Nós, os que aqui estamos à espera não sei de quê, porque não chegaremos a nascer gritamos-te em coro: És como os outros homens que não querem ter filhos.

Que compreensivos sois com os vossos caprichos, com os vossos defeitos, com os vossos crimes! Que intransigentes com os outros no seu direito de viver! Fechais-nos a porta do vosso lar como a fechastes a José e a sua Esposa em Belém, quando Maria já trazia Cristo nas suas entranhas.

Excedi-me, mãe. Perdoa. Não vos quero mal. Não, não. Que Deus não tenha em conta os vossos cálculos: dois, sim; três, não, que são muitos.

Não. Que Deus não vos pergunte por mim. Desejo — com toda a alma, ia escrever, mas não tenho alma — que vos arrependais e possais chegar ao Céu, que excede tudo o que o olho viu e o ouvido ouviu e o que pôde entrar no coração do homem. Aí, sim, haverá filhos. Como se encherão de alegria os pais generosos que se tiverem privado de um pouco de pão e de carne para o darem aos seus filhos!

Encher-te-ia de beijos, mãe!

Em muitas ocasiões, vi-te chorar sozinha.

Mas se eu estivesse contigo, beberia as tuas lágrimas aos beijos, mãe.

Quantas vezes te vi chorar, quantas!

Não te deixaria chorar sozinha. Poderia ver-te nos meus olhos, e eu encheria os teus olhos de carícias. Beijarias os meus olhos cerrados pelo sono e voltarias a beijá-los quando estivessem abertos.

Não me tires a possibilidade de te poder chamar "minha mãe".

Tu terias a enorme alegria de poderes chamar-me teu céu, teu tesouro, teu rei, teu sol. Como riríamos entre beijos os dois!

Por que me dizes isso, mãe? Por que não queres ter mais um filho? Não o digas tão séria.

Bem sei que são nove meses de angústias, mas... depois que tiveres dado à luz o teu filho, não voltarás a recordar-te da dor; é então que começará a alegria.

Mãe, não o digas a sério.

Mãe, não te vás embora, que fico só.

Há uma palavra que nunca poderei pronunciar.

Nenhuma como ela tem tanta melodia, tantos encantos, tantos sorrisos, tantos dizeres: *Mãe*.

Poderia seguir os teus passos, porque deixaste impressas as tuas pegadas: um caminho de lágrimas pelo chão. Deixaste-me as tuas lágrimas. Mas eu, para que as quero? Não basta, mãe, chorar e gemer. As lágrimas secam com o mesmo vento que leva as palavras.

Para que quero as tuas lágrimas, se também Deus não as quer?

Que felizes devem ser os filhos que, mesmo não tendo nada no mundo, têm a vida.

Razões de infecundidade

Não desprezeis esse grande tesouro que o Senhor quer colocar nas vossas mãos.

Bem-aventurados os pais com muitos filhos.

Eles são o presente que Deus oferece às famílias cristãs.

"O vosso gozo aumentará e se multiplicará sempre que entre vós o Batismo regenere um dos vossos pequenos" (Pio XII).

Os filhos e os netos são a coroa do ancião; e os filhos são a honra dos pais (Pr 17, 6).

O Rei dos reis, o Onipotente, pede-vos que cumprais com toda a fidelidade a vocação a que fostes chamados; pede-vos fecundidade, fruto. Os pais que, com poucos filhos, não querem ter mais, procuram neles uma satisfação: a do desejo de se continuarem. Querem o filho para o seu egoísmo. Os pais de família numerosa estarão sempre em melhores condições de entender que os filhos são para Deus. "Um berço consagra a mãe de família, e muitos berços santificam-na e glorificam-na diante do marido, da Igreja e da pátria" (Pio XII).

Mas se o grão de trigo, lançado à terra, não morre, permanece infecundo.

Por isso, não nos pode espantar que haja tanta infecundidade no mundo. Muitos pais querem viver — só viver —, e viver o mais comodamente possível. Esqueceram-se dos conselhos de Cristo. Não querem morrer pelo sacrifício. Não haverá fruto, porque para isso é necessário que haja morte e inverno, chuva e sol, frio e calor. Por que vos admirais de que os grãos de trigo fiquem infecundos? A vida não pode ser transmitida sem o sacrifício dos que têm vida.

Cristãos! Não estareis a ser contagiados por todos os vícios dos que não creem, nem esperam em Deus?

Misturaram-se com os gentios e adotaram os seus costumes. Renderam culto aos ídolos... Sacrificaram os seus próprios filhos e filhas aos demônios; derramaram sangue inocente, o sangue dos seus filhos e das suas filhas, sacrificando-os aos ídolos de Canaã. E a terra ficou contaminada pelo sangue (Sl 105, 35-38).

Tendes em vista os pagãos quando dizeis: também este e aquele não têm filhos! Eu também poderia indicar-te muitos mais: nem este, nem esse, nem aquele querem tê-los! Se os primeiros cristãos, em vez de viverem a sua fé e a esperança em Cristo e no que a Igreja nascente lhes pedia, tivessem olhado à sua volta e visto o que os pagãos daquele tempo faziam, teriam continuado a ser, como eles, amigos dos deuses de barro.

Se continuarmos a abrir desmesuradamente a mão, hão de entrar nas nossas igrejas esses novos cristãos sem cruz — muitos cristãos sem cruz — que se admirarão de ver um Cristo suspenso de um madeiro.

É recente a história daquela "boa" mulher que queria comprar qualquer coisa numa loja de antiguidades:

— Dê-me um crucifixo não muito caro. E que seja pequeno! É para o quarto de dormir, e me dá muito medo (sic).

Trazemos aos ombros o peso morto de uma época ególatra e burguesa, que se faz sentir na própria formação que muitas vezes nós, os cristãos, damos aos nossos.

Nunca pensaste que se poderia escrever um opúsculo intitulado: "O mínimo necessário para entrar no Céu"? Seria um êxito editorial garantido. Poderia falar-se nessas páginas do menor número de filhos que se pode ter para continuar a ser cristão. Poderia dedicar-se outro capítulo à percentagem mínima do supérfluo, necessária para que as moedas que damos à Igreja possam chamar-se esmola. Outro capítulo, interessante, poderia ser dedicado ao exame do menor número de dias que se pode consagrar aos filhos para se cumprirem os deveres da educação. Outra seção, não menos importante, ocupá-la-íamos a falar da indiferença em relação ao próximo, compatível com o primeiro dos Mandamentos da Lei de Deus. Poderiam também estudar-se os limites da irresponsabilidade e do abstencionismo na atuação política dos cristãos no mundo, para se eximirem à condenação da Igreja.

Não posso continuar a brincar. Se permaneceis na atitude habitual — egoísta, infecunda, estéril —, vereis que espécie de filhos vos saem.

Que podereis ensinar sobre Deus aos vossos filhos?

Que lhes direis sobre Cristo? Não lhes mintais, confidenciando que Ele viveu mediocremente, como vós.

Inutilizareis com o vosso exemplo tudo o que de bom os vossos filhos possam vir a aprender fora do lar.

Que verão esses pobres filhos na religião?

Acreditai! É doloroso que tenha de pensar assim, mas dais a impressão de que sois gente apenas com um bocadinho de fé, com um nadinha de esperança. Aí é que está a raiz da vossa falta de generosidade.

Que aconselhareis aos vossos?

Portar-vos-eis tão estupidamente como aquela mãe "bondosa" que recomendava ao filho aviador: "Meu filho, voa baixo e devagar"...?

Continuai assim, com conselhos de prudência enfermiça! Não sei onde ireis parar. O que vos garanto é que nunca conhecereis esse cem por um que o Senhor prometeu aos generosos. O cem por um nesta terra é incompatível com o estudo dos limites da generosidade, como vós fazeis.

Homens sem esperança

Os cristãos de hoje têm a ideia — falsa — de que dar significa perder aquilo que se dá.

Nesse caso, que podeis entender da santidade, se o primeiro passo a dar neste caminho do Amor é esquecermo-nos completamente de nós mesmos? Esta é a condição, tanto do amor de Deus como do amor humano.

Agora compreendereis melhor a frase dura e áspera daquele rapazinho que me dizia: "Tenho vontade de ser grande para deixar de rezar, como o meu pai!".

Quereis fazer exclusivamente o necessário. Quereis fazer apenas aquilo que for imprescindível para entrar no Reino, mas sem vos excederdes em nada. Não aconteça que Deus não exista e tenhais perdido o tempo. É doloroso ter de pensar assim, mas é a vossa atitude que me sugere este comentário terrível.

É assim que se pode explicar muitas das vossas ideias. Assim se entendem as vossas limitações e as vossas prudências. Assim compreendo que rezeis a Deus só de noite, para depois, durante o dia, vos lembrardes apenas dos caprichos pessoais.

Acreditais o suficiente para ir à igreja — não seja que os vossos deuses se ofendam! —, mas não acreditais o suficiente para trabalhar por Ele.

Acreditais e esperais o suficiente para poderdes rezar e aplacar a sua ira — não seja que Ele vos castigue —, mas não acreditais o suficiente para compreender que o Senhor se interessa de verdade pela vossa família.

Acreditais o suficiente para dar esmola, porque vos ensinaram que o primeiro preceito que Cristo impôs foi o da caridade, mas não acreditais o suficiente para vos entregardes a Cristo nos filhos.

Acreditais o suficiente para receberdes a bênção do sacerdote de Deus no casamento, mas não para terdes fé no auxílio vigoroso e constante do sacramento do Matrimônio.

Acreditais na Providência, mas não o suficiente para vos abandonardes nas mãos do Senhor e pensar numa família numerosa.

Acreditais em Deus, mas não o suficiente para pensar que Ele vos ouve no meio do vosso trabalho, no lar e no descanso.

Necessitais da fé e da esperança dos recém-convertidos para poderdes sair desse estado de tibieza em que andais enfronhados.

A SANTIDADE DOS PAIS

Fé em Cristo

"Temei a Yavé e servi-o com sinceridade e fidelidade. ... e se vos parece mal servir a Yavé, escolhei hoje a quem quereis servir, se aos deuses a quem os vossos pais serviram, do outro lado do rio, ou aos deuses dos amorreus, cuja terra ocupastes. Eu e a minha casa serviremos a Yavé" (Js 24, 14-15).

Se não queres cumprir o que Deus manda, revolta-te!
Ao menos terás escolhido uma posição em relação a Cristo, porque, até agora, não parece que a tenhas, embora presumas muito disso.
A Cristo, aceita-se ou rejeita-se. O que não podemos fazer é brincar com Ele e com o que Ele pede.
Mas se o recebes..., amigo, sê consequente!
A verdade é que Cristo, ao fazer-se carne, confiou o seu Evangelho a todos os homens, às sessenta gerações que desfilaram antes de nós e às que virão depois.
A nós — a ti e a mim —, cedo ou tarde nos há de chegar a vez de fazer a pergunta formulada pelos discípulos do Batista: "Mas tu, quem és?".
E Cristo responde: "Eu sou o Messias".

Também os judeus lhe fizeram a mesma consulta: "Se és tu o Cristo, dize-no-lo abertamente". Se Ele te responder como a eles, se te disser que sim, tu também o apedrejarás?

O teu mundo e o meu — cada alma é um mundo — admitem ou repudiam Cristo. Abraçam-no ou desprezam-no. Cristo não busca escravos. Quer-nos livres, como as aves do céu. Com uma liberdade tão grande como a responsabilidade. Livremente — com responsabilidade —, podes abrir ou fechar o Evangelho. O que não podes é abrir o Livro para o deixar indiferentemente aberto entre outros montes de livros com minúscula.

A "história" mais importante da vida, a única transcendente, a mais profunda, a que tem valor absoluto, a que atinge alturas de mundos infinitos, nunca se escreveu, nunca se editará, porque nunca se poderá escrever. É a tua história e a de cada um dos teus filhos, a tua vida, feita de encontros com Cristo, de encontrões e de atitudes diante desse Cristo vivo.

Não tens consciência de tais descobertas? Admito que as aprecies confusamente. Mas nem por isso deixas de ser responsável, porque há demasiado barulho na tua alma. Aí está o teu grave compromisso: o barulho!

Cristo bate à porta, e... entra, se lha abrem. Mas depois de bater, de insistir, continua fora, se te fechas. Não força as almas, porque é bom; porque é amigo da liberdade.

Pode acontecer e acontece, infelizmente que, quando não tens tempo, nem lugar, nem vontade de receber Cristo, Cristo permanece fora, entre as sombras.

É esta a história que nunca será escrita, mas que tem valor de eternidade. Uma história feita de silêncio, dia a dia, que resume os oitenta anos — oitenta ou vinte? — da tua passagem pelo mundo. Esta é a história com verdadeira dimensão de eternidade. A tua vida, feita de encontros com Cristo.

A tua vida, a tua vida desprezada pelos homens. Tu, que pedes esmola com gesto de homem bom e resignado e que procuras roubar tudo o que está ao alcance da tua mão, porque os teus filhos têm fome, tu aceitas ou repeles Cristo?

E tu, pobre rico, ricaço, que te arranjas como podes para não te encontrares na escada com o mendigo ladrão; tu, que nunca conheceste a fome, que nem sequer sabes como é que a palavra se escreve, aceitas livremente Cristo ou te revoltas contra Ele?

Responde-me! Esta é a história em que jogas a vida.

E tu e eu, homens vulgares, nem ricaços nem mendigos, dissemos que sim a Cristo, ou continuamos ainda a pensar? A vida consiste em escolher, em abrir ou fechar a porta a Cristo vivo. Responde! Responde a Cristo!

Estás habituado a viver na tua fé no cristianismo por tradição. Tudo isto te parece estranho, porque nem sequer tinhas posto o problema de dizer sim ou não a Deus.

Levas uma vida difícil, cheia de problemas, com algumas diversões, mas sempre fechado no teu trabalho, nas tuas preocupações, nas tuas diversões; num mundo em que apenas de vez em quando afloram Deus, a tua mulher e os teus filhos. Vais perdendo totalmente a vida de cá, sem te arrimares à Vida.

Precisas de um pouco mais de fé, de um pouco mais de esperança, de um pouco mais de amor.

Tens fé em Cristo; mas não vives o espírito de fé. Tens coração e te compadeces quando ouves falar de desgraças físicas, de homens cancerosos, de tuberculosos; e dás parte do teu dinheiro para remediar as necessidades que os teus olhos de carne veem. Mas não vives o espírito de fé; não tens olhos na alma. Continuas com o olhar no infinito quando ouves falar de Deus, da salvação dos teus filhos, das grandes obras de apostolado que a Igreja nos pede.

Tens suficiente espírito de fé para compreender o que a Igreja nos diz acerca dos filhos: que são presente e bênção de Deus?

Tens fé? Até agora, possivelmente, têm sido os teus pais, os teus irmãos, a tua família, o ambiente que têm respondido por ti. Há de chegar o momento — chamam-lhe crise — em que será necessário responderes pessoalmente. Nessa altura, nem os teus pais, nem os teus irmãos, nem a tua família, nem o ambiente terão nada que dizer.

A resposta será pessoal e intransferível.

"Tu acreditas no Filho do homem?", perguntou o Senhor ao cego de nascença. E o cego já tinha idade para isso teve que responder: "Senhor, eu creio". Não foram os pais que o fizeram.

Disse-te ao começar esta carta que te havia de falar de Deus e dos filhos. Talvez estivesses à espera de que falasse mais deles do que d'Ele. Contudo, não me importo de te repetir que é este o alicerce, não apenas da tua própria salvação, o que já é importante, mas também da formação cristã dos teus filhos.

"O fim próprio e imediato da educação cristã é a cooperação com a graça divina na formação do perfeito e verdadeiro cristão, isto é, do próprio Cristo nos regenerados pelo Batismo, segundo a viva expressão do Apóstolo: *Meus filhos, por quem sofro dores de parto até ver Cristo formado em vós*" (Pio XI).

Começo a pensar que ainda não se entendeu o que Deus pede em relação a esse mundo dos filhos. O que interessa única e exclusivamente é ajudar esses tolinhos a serem homens, cristãos e santos. "As boas escolas são fruto não tanto das boas legislações como dos bons professores" (Pio XI). O professor por antonomásia és tu, pai; e tu, mãe, a melhor professora que Deus deu aos teus filhos.

Garanto-te que, alicerçando bem a tua vida em Cristo, todo o resto decorrerá como consequência.

Se tiveres fé em Cristo — e viveres desse espírito de fé —, o teu lar será cristão e terá um ambiente quente, onde todos se deixarão contagiar abençoado contágio — pela tua fé.

Se viveres de fé, as tuas obras hão de respirar esperança, mesmo no clima pagão dos nossos dias. Se viveres de fé, os teus filhos aprenderão a tratar Cristo como um grande personagem de hoje e de agora. Cristo deixará de ser uma abstração, como é — infelizmente — para muitos pais que presumem de cristãos.

Se no teu lar se viver o espírito de fé, os teus filhos aprenderão a rezar como Deus quer.

Se viveres de fé, esse monte de problemas que arrastam os pais de hoje se desfará por si só. Nunca verificaste como há pais que se revoltam contra a vocação dos seus filhos? A raiz da rebelião está na falta de fé.

Se viveres de fé, nada terei a aconselhar-te sobre o ambiente religioso da tua família. E o ambiente fará tudo.

Se viveres o espírito de fé, em tua casa brilharão a verdade e a liberdade, e estarão ausentes a mentira e a escravidão.

Se viveres de fé, aprenderás a saber desaparecer, quando chegar o momento de deixares os filhos caminhar sós pela vida.

Se viveres a fé, a esperança e o amor, no teu lar haverá filhos — com certeza —, muitos filhos, e carinho de filhos para todos. Se vivermos de fé, morreremos tal como os que não acreditam. Mas a morte se converterá para nós em geradora de Vida.

Todos os caminhos inventados pelos homens acabam dentro da aldeia, diante da muralha da morte, sem esperança. O único caminho que consegue atravessar a muralha da morte e chegar ao Céu é Cristo.

Santidade no matrimônio

O Santo Padre João XXIII lembra-nos: "Em face de Deus, todos, sem distinção, são chamados à santidade".

Que fazeis olhando para os fariseus? Porventura quereis assemelhar-vos a eles? Andais constantemente a procurar desculpas na atitude negativa dos que rodeiam a vossa vida, para continuardes a não fazer nada de positivo.

Sois como a figueira estéril. Já dais alguma coisa. Folhas e sombra. Não basta para o que Cristo pede, porque pede fruto.

Se a vossa honestidade, a vossa lealdade, a vossa justiça e a vossa santidade não ultrapassarem as dos escribas, não entrareis no Reino dos Céus.

Porventura desconheceis o que Cristo exige dos seus? Que pouco aprofundamos sobre o que nos cabe fazer aqui na terra!

Não olhes à tua volta, porque te pedem santidade.

Nunca te ocorreu propores-te a ti mesmo alcançar a santidade?

É precisamente *santidade* o que Deus nos pede. A ti, pede-te santidade no mundo, sem saíres dele. Deus pensou em ti, desde toda a eternidade, para que te santificasses no estado matrimonial, com *essa* mulher, com *esses* filhos. Como é possível que ignores os desejos de Deus? Todos sabemos que são grandes o esforço, o brio e o valor necessários para escalar os cumes que Deus nos apresenta. Mas, pelo menos fazei alguma coisa para consegui-lo. Não fiqueis sentados!

"Falas-me de santidade e de perfeição na vida ordinária" — escreve um dos ignorantes, um dos muitos milhões de ignorantes que há no mundo —, "e gosto de te ouvir falar assim. Mas o teu caso é muito diferente do meu. Eu sou um homem casado, tenho mulher e filhos para atender e cuidar. Por outro lado, a minha profissão ocupa-me muitas horas do dia, porque, para governar a minha casa, tenho de trabalhar muito. Procuro, sem dúvida, ser honesto e justo, e cumprir os meus deveres religiosos. Que mais é que Deus me pode pedir? Que mais posso eu fazer por Deus?".

Quantas pessoas podiam assinar essa carta! Quanto ignorante que se vangloria de intelectual! Quanto cego que presume de ter os olhos grandes como pratos!

E tu..., assiná-la-ias?

Escuto-te: "As minhas circunstâncias são tão especiais... Não tenho...". Sim, termina a frase. Não tens tempo... para a santidade. Era isso o que querias dizer. Tinhas pensado que a santidade é questão de tempo: para quê, para o "perderes" completamente em atos de piedade?

És casado e cumpres os teus deveres religiosos. Que mais te podem pedir? Se — como dizes — és realmente honesto e justo, o que te falta é abrir os olhos para poderes compreender de uma vez para sempre o que o Senhor pede aos cristãos.

Quando compreenderás o que o Senhor Deus quer de ti *nessas circunstâncias*? Ou também és dos que esperam uma pequena mudança de situação para nessa altura encetarem com seriedade o bom caminho?

Somos como o colegial que deixa o estudo sério "para o próximo semestre". Por que nos deixamos enganar pela preguiça? Quando mudarem as circunstâncias! Dizes isso a sério? "Quando as circunstâncias mudarem", foi a desculpa que os convidados do Rei apresentaram para não assistir ao banquete de núpcias. Um tinha comprado um campo; outro uma junta de bois; um terceiro, como tu, tinha-se casado. E nenhum dos três pôde entrar no Reino. É necessário corresponder quando Deus chama, sem esperar que as circunstâncias se modifiquem.

Depois! Amanhã! Outro dia! É o que sabeis dizer a Deus, a quem deixais, como a um mendigo, à porta do vosso coração.

Depois, amanhã, outro dia, hoje não posso. Como se a santidade dependesse do tempo de que dispomos. Como se amanhã pudéssemos ter mais força. Por quê? Por não terdes correspondido hoje?

> ¡Cuantas veces el ángel me decía:
> Alma, asómate agora a la ventana
> verás con cuánto amor llamar porfía!
> Y cuántas, hermosura soberana,
> "Mariana le abriremos", respondía,
> para lo mismo responder mariana.[1]
> (Lope de Vega)

Amanhã! Amanhã! Assim deixais passar os anos turvos, adiando a vossa vida.

Dá-lhes a conhecer, Senhor, o caminho que devem seguir os que foram chamados por Ti a santificar-se

---

[1] Quantas vezes o Anjo me dizia: / Alma, assoma-te agora à janela; / verás com quanto amor em chamar porfia! / E quantas, Formosura soberana, / "Amanhã lhe abriremos", respondia, / para o mesmo responder amanhã.

através do casamento. Abre-lhes os olhos para que vejam, compreendam e não violem o programa que lhes traçaste.

Não vês, meu Deus, como se apoiam ridiculamente nessas circunstâncias que estão atravessando para não se aproximarem de Ti?

Senhor, dá força e vigor a estas letras, para que esses homens se convençam de que as circunstâncias especiais em que se encontram — estado, idade, saúde e vida — são a conjuntura que Tu previste para servir — *hoje e agora* — de trampolim, preciso, vital, necessário e insubstituível, para se elevarem definitivamente, para despertarem para a santidade, com o impulso forte e eficaz da tua graça.

Não avilteis a vida, cristãos, com os vossos "oxalás" quiméricos e cobardes! Quantos lamentos tristes e lamurientos de vencidos.

"Oxalá tivesse filhos!", grita aquele que, por vontade de Deus, não os tem. "Oxalá tivesse menos filhos!", exclama aquele que, generoso há alguns anos, hoje se transformou em egoísta e comodista. "É preciso acabar de uma vez para sempre com a surrada mística do oxalá" (Mons. Escrivá de Balaguer).

Passais a vida adiando as resoluções com "oxalás". O amanhã e o depois são o refúgio, a guarida miserável onde se agacham os enfermiços do espírito para não continuarem a lutar.

Voltas a perguntar-me: Que mais posso fazer por Deus nas minhas circunstâncias? Mais uma vez te respondo: apoiar-te firmemente nessas situações, que são fundamentalmente veículos da vontade de Deus. Na abundância de filhos, nos problemas que o sustento e, muito especialmente, a educação trazem consigo, no trabalho profissional, nas "horas extras", no cansaço esgotante, é nessas coisas que Deus te espera. Hoje, não amanhã; agora, e não mais adiante. É nessas coisas que tens de santificar-te.

O matrimônio é um sacramento mediante o qual se recebe a graça — ajuda poderosa do Senhor —, não apenas para a festa da boda, mas também para toda a vida conjugal. Nunca ninguém poderá dizer que para ele já passou a oportunidade de santificar-se. Só os mortos são incapazes de merecer.

A graça sacramental do matrimônio opera sobre toda a vida e circunstâncias dos pais para aperfeiçoar o amor conjugal, para confirmar a indissolubilidade, para santificar os esposos.

Sim, Cristo está no teu lar, em todos os pequenos acontecimentos da vida da tua família. Nenhum fica excluído.

Há pessoas que se atrevem a emendar a bondade das obras de Deus, considerando que há ações um pouco sujas no matrimônio, embora inevitáveis. "A função divina da procriação não é a satisfação de uma necessidade ineludível. Não é a licitude acidental de uma coisa má em si mesma, licitude que os esposos pagariam tendo de suportar-se mutuamente durante toda a vida. Esta é uma concepção diabólica do matrimônio" (Pio XII).

A Escritura canta deste modo: *Porque tu formaste as minhas entranhas, teceste-me no seio de minha mãe. Louvar-te-ei por causa do modo maravilhoso como me fizeste. Que admiráveis são as tuas obras!* (Sl 138, 13–14). *Que magníficas são as tuas obras, Yavé...; só o homem néscio é que não o reconhece* (Sl 91, 6–7).

Heroísmo dos pais

Não procures oportunidades heroicas no dia de amanhã para começares a servir lealmente o Senhor. Comportas-te como se tivesses de servir um Deus escolhido pelo teu capricho.

Não esqueças que foi Ele que te escolheu a ti, que te colocou nesse lugar, para o servires com o que possuis hoje.

Se não tens desejos de cumprir a vontade de Deus, a vida familiar será para ti um fardo insuportável; mas se queres servir realmente o Senhor, revelar-te-ei o heroísmo que Ele te pede hoje: não poderás encontrar outro.

Dói-te a cabeça, e João — o mais velho — canta aos gritos. Na sala de jantar, os menorzinhos brigam uns com os outros. Um dos do meio arrasta uma cadeira. Entra a mais novinha; é preciso amarrar-lhe a fita do cabelo.

— Para de cantar, que acordas a menina!

— Não, mamãe — interrompe o mais velho; — já acordou.

O laço, as brigas, o canto, a choradeira do despertar...
É preciso estabelecer a paz.

— Mamãe, bateram na porta!

— Bateram, mas não grites. Deve ser o papai. Vai abrir-lhe!

— Não, não é o papai. É uma conta!

— Que compro para amanhã? — pergunta a empregada.

— Amanhã... Cuidado, meu anjo, vais cair da cadeira — amanhã... Não soltes a fita, filho! Falamos depois, agora é impossível! Tenho de lhes dar banho. Anda, filha, ajuda-me a dar banho à menina.

E a mãe continua com a dor de cabeça. Abençoada mulher que esconde as suas pequenas dores com um sorriso, ao receber o marido. São pequenos heroísmos, ao alcance de qualquer um esporadicamente, mas que, feitos todos os dias, entretecem um heroísmo enorme, com o nome de santidade, se há amor.

Mães, não vos queixeis. Segui o conselho de Santa Teresa:

> Coisa imperfeita me parece... este queixarmo-nos constantemente de males ligeiros; se podeis sofrê-los, não o façais. O mal, quando é grave, queixa-se por si mesmo... Fraquezas e males de mulheres, esquecei-vos de os lamentar. Quem não perde o costume de queixar-se e de dizer tudo, a não ser a Deus, nunca acabará... Sabei sofrer um pouco por amor de Deus, sem que todos o saibam...
> Não me refiro a males sérios..., mas aos pequenos males que se podem suportar de pé. Lembremo-nos dos nossos Santos Padres passados... Pensais que eram de ferro? Se não nos decidirmos a tragar de uma vez a morte e a falta de saúde, nunca faremos nada.

Este heroísmo é também o teu: um sorriso nos lábios quando regressares ao lar à noite, cansado do trabalho duro e enervante, o trabalho de todos os dias!

Os vossos heroísmos são estes: a amabilidade, depois de vos perdoardes mutuamente os defeitos e as impertinências; a alegria, depois de superardes pequenas divergências de gostos, de hábitos, de ideias; o bom humor no meio dos incidentes e das dificuldades, insignificantes em si mesmos, mas constantes; o saber calar, conter uma queixa, adoçar uma palavra que, se fosse pronunciada, tornaria mais tenso ainda o ambiente da casa; o saber passar por alto esses mil e um pequenos incidentes da vida cotidiana. O vosso heroísmo é este. Uma gesta épica de alfinetadas.

Aí tendes claramente manifestada a vontade de Deus. "Tudo aquilo em que intervimos nós, os pobrezinhos dos homens — mesmo a santidade —, é um tecido de pequenas insignificâncias, que conforme a intenção com que se fazem podem formar uma tapeçaria esplêndida de heroísmo ou de baixeza, de virtudes ou de pecados".[2]

Não, não me esqueço de que as alfinetadas podem, às vezes, deixar o coração como um crivo. E também pressinto que, em certas ocasiões, os alfinetes se amontoam nas alturas do desprezo para caírem bruscamente, traiçoeiramente, como espadas, sobre a tua sensibilidade ferida.

Mas também nesses transes não vos faltará a ajuda do Senhor prometida no sacramento. "Quer para respeitar os fins do matrimônio queridos por Deus, ou para resistir aos impulsos ardentes e lisonjeiros das paixões e das solicitações, que insinuam a um coração inquieto que procure noutro lugar o que pensa não ter encontrado na sua união legítima, de modo a satisfazê--lo tão plenamente como tinha esperado; quer para não quebrar ou não afrouxar o vínculo das almas e do amor mútuo, deve chegar a hora de saber perdoar, de esquecer uma desavença, uma ofensa, um atrito talvez grave" (Pio XII).

Não, em face de uma circunstância grave e dolorosa, não se pede de vós um sorriso. Pede-se que levanteis os

---
[2] Josemaria Escrivá, *Caminho*, 13ª ed., Quadrante, São Paulo, 2022, n. 826.

olhos ao céu. É Deus que te pede esse ato heroico, que nunca será superior às tuas forças, que acabará sempre num gozo eterno no Céu, para além das estrelas, enquanto cá na terra os teus filhos se levantarão para te proclamarem bem-aventurado.

Encara heroicamente o futuro.

Não chores, mãe. Não te lamentes, pai. Sereis bem-aventurados.

Agistes bem. Os vossos sacrifícios — muitos! — passaram despercebidos aos nossos olhos. Deus, porém, que vê tudo, vo-lo recompensará como um bom Pai de família.

LARES VIVOS E LARES MORTOS

Lares vivos

> Não leveis nada morto para o lar. Quantas esponjas secas nas pias de água benta dos nossos pais!

Já te falei bastante da obrigação de teres filhos. Quero falar-te agora do lar. Precisamos de lares vivos. Explico o que quero dizer. Precisamos de lares com um ambiente são, forte, carinhoso e viril, humano e sobrenatural, no qual os filhos se formem, não apenas para resistirem ao clima maligno do mundo pagão, mas também para o transformarem de acordo com os desígnios divinos.

O meu coração foge para aqueles lares que nasceram ao calor das palavras de Jesus, nos quais se vivia a fé dos recém-convertidos.

Mantinha-se ainda vivo o eco das palavras do Senhor: *Amai-vos, amai-vos uns aos outros!* E para que ninguém se esquecesse do que Jesus pedia, João voltava a lembrá-lo da Ilha de Patmos: *Amai-vos, amai-vos uns aos outros! Amai-vos*, repetiam os Apóstolos.

Há coisa mais viva do que o amor? Os primeiros cristãos amavam-se.

Não formareis um lar semelhante ao deles simplesmente pendurando objetos nas paredes.

Não, os lares não se aperfeiçoam com essas coisas acrescentadas — não se trata de acrescentar nada — como penduricalhos.

As famílias cristãs; tal como o grão de mostarda, crescem de dentro para fora. Não conseguireis que as rosas desabrochem, por mais que lhes puxeis pelas pétalas.

No clima familiar cristão, brota, flui e germina espontaneamente, com o tempo, toda a vida que os moradores trazem consigo. Se não houver seiva cristã no homem e na mulher que vivem na casa, nunca chegarão a nascer senão folhas.

Por acaso o cristianismo não é essencialmente um organismo vivo?

Reparai que não procuramos formar lares mais ou menos bons, com uma decência, um decoro e uma honorabilidade externas. Propomo-nos conseguir muito mais.

Não vedes que é a partir dos nossos lares que queremos e podemos esperar a restauração do cristianismo no mundo?

Aquilo que queremos implantar na terra tem de enxertar-se primeiro no lar. É nas famílias cristãs numerosas que havemos de encontrar o apoio para a grande evolução de que o mundo necessita atualmente.

Deixas-me plagiar os santos? Então atrevo-me a dizer-te o que o meu coração canta a toda a hora. Com esses lares cristãos havemos de formar os homens que hão de trabalhar pelo triunfo de Cristo em todas as manifestações humanas. Um lar tem tanta influência! Nem imaginas o que pode fazer!

Dai-me lares cristãos, que as ruas pagãs não me assustarão.

Dai-me lares cristãos, que o mau ambiente não me levará a recluir-me.

Dai-me lares cristãos, que não terei receio dos *shows* e das praias.

Dai-me lares cristãos, e não terei medo das escolas sem Deus.

Mas se não pudermos contar com autênticos lares onde os pais formem Cristo nos seus filhos, assustam-me, e assustam-me muito, as ruas, as praias, o ambiente, o demônio e as escolas sem Deus.

Às vezes, pergunto-me a mim mesmo se tens consciência do que Deus quer que faças no teu lar. Vejo-te empenhado em fazer, dos teus filhos, homens; está bem, mas... nada mais?

"O cristianismo proclama de maneira extraordinariamente forte uma novidade e uma relação nova do mais íntimo da natureza humana, que são igualmente válidos no tempo e na eternidade. 'Ser cristão' é uma coisa nova, completamente diferente, muito mais elevada que o vulgar 'ser homem'. Com o 'tornar-se cristão' começa uma nova ordem vital no mais pleno sentido da palavra" (Schumacher).

Precisamos de lares cristãos, vivos, vigorosos, enérgicos, como o de Lázaro, Marta e Maria; como o dos pais de João e Tiago; como o de Pedro e André; como aquele que o centurião de Cafarnaum formou com os seus próprios criados. O teu lar será tanto mais cristão quanto mais se parecer com o lar de Nazaré.

Insisto na "Vida", porque é a síntese e o compêndio de todo o cristianismo. *Eu vim* — diz-nos Cristo — *para que tenham vida, e a tenham em abundância.*

Conformamo-nos com o que vemos nos nossos lares? Por que sois assim, pais? É essa a vida que Cristo nos trouxe? Não, não! Não há outro remédio senão revoltarmo-nos contra essa posição de inércia.

Não pode ter sido para *isso* que Cristo desceu à terra.

Para que em crianças comunguemos diariamente — porque está na moda e enternece —, e a partir dos dezoito nos limitemos a cumprir a Páscoa? Para que nos confessemos no sábado, comunguemos no domingo de manhã e crucifiquemos Cristo à noite? Isso é monstruoso! Não, não foi essa a Vida que o Senhor nos trouxe!

Nem tu nem os teus filhos haveis de esquecer nunca que Deus enviou Cristo aos nossos lares para que vivamos por Ele.

Todos os cristãos nasceram de Deus. Nasceram de Deus, sem metáforas nem alegorias.

São os gerados por Deus que vencem o mundo. É assim realmente, ainda que isto soe a poesia ou a marcha triunfal.

"Somos de Deus! Somos de Deus!" É o grito de João, que escreveu a vida de Cristo. Somos de Deus, mesmo que nos comportemos como Nicodemos, que nem sequer suspeitava como se nasce para a Vida.

Precisamos de lares vivos, onde os filhos tenham consciência de terem sido transportados da morte para a vida.

Ignorais que aqueles que recebem a água do primeiro sacramento recebem também o Espírito Santo? Por que esquecestes que todos os cristãos ressuscitaram?

Temos de nos oferecer a nós mesmos e oferecer os nossos lares ao Onipotente como quem esteve morto e regressou à vida.

Foi o sangue de Cristo que nos santificou.

Vivei na vossa casa a verdade ensinada por Cristo, e vereis que quase não precisais dizer nada para que o lar seja vivo. Vivei-a vós, pais. Vivei-a como ressuscitados. Vivei com Cristo, que permanece vivo no lar.

Semeai estas ideias nos filhos e colhereis a vida eterna, vós e os vossos filhos.

Esforçai-vos para que se viva Cristo no lar, e nem a chuva, nem o vento, nem os rios transbordando conseguirão abalar a vossa casa edificada sobre rocha.

Cristo no lar

Tratai Cristo como uma pessoa ilustre que se sentasse convosco à mesa, como se sentou com os discípulos que iam a caminho de Emaús, com Simão fariseu, com Lázaro e suas irmãs.

Tratai-o como uma personalidade ilustre que dormisse entre vós, como dormiu na proa da barca de Pedro no dia em que as águas se encapelaram.

Tratai Cristo como um apaixonado pelos vossos filhos, lembrando-vos do carinho que sentia por aquelas crianças que abençoava quando se aproximavam d'Ele.

Não caiais na tentação de pensar que Deus é excessivamente grande para se preocupar com as pequenas histórias terrenas dos vossos filhos.

Tratai-o como uma personalidade ilustre, que conhece a dor da mãe ao dar à luz o seu filho.

Tratai-o como quem conhece a angústia da mulher que perde o seu dinheiro.

Tratai-o como quem se compadece da morte de um filho. Cristo não foi indiferente a nenhuma dor, a nenhuma pena, a nenhuma angústia.

Tratai-o como quem pode dar remédio à lepra, à cegueira, à surdez e à morte da alma.

Tratai-o assim, pais, e os vossos filhos aprenderão a conviver com Ele, como se convive com um Amigo bom, com um irmão a quem se quer deveras, com um Pai carinhoso que se desvela por nosso amor, com um

Deus que se faz carne porque as suas delícias consistem em estar com os filhos dos homens.

Então..., quando viverdes assim, tudo isso que dependurastes das paredes ganhará vida nova e ajudará os vossos filhos a terem o Deus vivo mais presente.

Então... um olhar para Cristo que nos vê da Cruz virá dizer-nos repetidas vezes que "obras é que são amores, e não boas razões".

Um lar será vivo quando nele se viver de fé, de esperança e de amor.

Sabeis como se vê se um lar é vivo, como Cristo quer que seja vivo? Pelos frutos os conhecereis.

Se a vida do novo filho é, para vós, uma bênção de Deus, Cristo está ao pé do recém-nascido.

Se a vossa reação em face da morte dos vossos é cristã, Cristo está junto do vosso menino morto.

Se conservais a paz e a serenidade em face das contradições, Cristo está por trás da dor.

Agora acredito que na vossa casa haja vida. Contempla a vida que brotava dos primeiros lares formados ao pé de Cristo. Aristides lembra-o: "Quando alguém (dos cristãos) tem um filho, louvam a Deus; e se acontece que morre na infância, louvam grandemente a Deus, por alguém que atravessou o mundo sem pecados... Tal é, ó Imperador, a constituição da lei dos cristãos, e tal é a sua conduta."

Que responsabilidade a vossa — pais cristãos —, a nossa — sacerdotes de Cristo vivo! —, se por falta de vigor pessoal deixamos que esses filhos fiquem com uma ideia mais ou menos vaga do nosso Deus!

Que responsabilidade a tua e a minha se o imaginam neutral em relação aos nossos problemas.

Que responsabilidade se não veem em Deus mais do que um Juiz severo.

Que responsabilidade a nossa, se não chegam a aprender a tratar Cristo com o carinho de filhos.

O Senhor diz-nos isto pela boca de Isaías:

Uma mãe pode esquecer-se do filho das suas entranhas? Pois ainda que ela se esquecesse, Eu nunca me esquecerei de ti; tenho-te gravado na palma das minhas mãos (Is 49, 15-16).

Deves incutir-lhes isso. Ouve:

Jesus foi convidado para jantar — não é uma parábola — em casa de Simão, o fariseu. Mas não compreende a desconsideração de que foi objeto por parte do ricaço. Não se fez com o Senhor o que era costume fazer-se naquele tempo com os convidados de certa categoria. Não lhe lavaram os pés, não lhe deram o ósculo protocolar das boas-vindas, não lhe ungiram a cabeça com óleo. Ele nada pedia de extraordinário; pedia apenas o que era costume do tempo e do lugar. Não te esqueças de que Cristo era o Mestre, o Profeta, a grande Personalidade que se dignava entrar em casa de Simão, o fariseu.

Jesus quer que, pelo menos, o tratemos como mais um entre as pessoas importantes da terra; não é lógico que seja assim?

Por tudo isso, quando uma mulher se aproxima da mesa — mulher que foi mulher da vida, e agora é uma arrependida de todo o coração —, Cristo permite que ela tenha para com Ele as atenções que o homem rico lhe negou.

A pobre mulher, diante dos olhares admirados de todos os que a conheciam, entre soluços, derrama sobre os pés de Jesus o bálsamo de um vaso de alabastro, um perfume feito de bálsamo e lágrimas.

A mulher não sabe bem o que faz. Chora, beija os pés do Senhor, enxuga-os com os cabelos, volta a beijá-los, derrama o perfume.

Aquelas lágrimas, que comoveriam qualquer um, ao chegarem ao coração de Simão, secam-no. Secam-no a tal ponto que o levam a pensar: será este o Profeta, se não sabe que espécie de mulher tem diante de si?

Cristo, que passou por alto a falta de delicadeza do início do banquete, não está disposto a transigir com a vil impertinência.

Vês esta mulher? — diz a Simão. — *Eu entrei em tua casa, e não me deste água para lavar os pés; ela banhou-os com as suas lágrimas e enxugou-os com os seus cabelos. Tu não me deste o ósculo da paz; ela porém, desde que chegou, não cessou de me beijar os pés. Tu não ungiste a minha cabeça com óleo; esta mulher derramou perfume sobre os meus pés. Por isso digo-te: são-lhe perdoados muitos pecados porque muito amou.*

Aprendereis a tratar com Ele, pais, filhos?

Vós que, pela Eucaristia, recebeis Cristo no pequeno lar do vosso coração, fazeis com Cristo, pelo menos, o que fazeis com as visitas?

Filiação divina

> "No pensamento da Igreja, um lar verdadeiramente cristão é um ambiente em que se nutre, cresce e se desenvolve a fé dos filhos, e onde eles aprendem, não apenas a fazerem-se homens, mas também filhos de Deus" (João XXIII).

Algumas páginas atrás, revelei-te que tínhamos de erguer um grande edifício. Ao começar esta carta, falei-te da empresa que temos de levar a cabo com os filhos. Queres que conversemos agora acerca do que há de ser o alicerce da tua vida cristã e da dos teus filhos?

Mas não quero entrar no tema sem primeiro te perguntar qual pode ser para ti a verdade sobre a qual estabelecer as tuas convicções de vida interior. À volta de que eixo deve girar a vida cristã dos teus filhos? Qual é essa ideia-mestra que deves fomentar preferentemente, para que toda a vida cresça e dê os frutos que Deus espera de nós?

Muitos que se chamam sábios e letrados não saberiam responder. Isto acontece porque, à força de falarmos de coisas de pouca importância, esquecemos as transcendentes.

O fundamento de toda a nossa vida cristã é um só. Os teus filhos foram gerados por Deus para a vida sobrenatural. Têm de viver como filhos de Deus. Esta é a base em que há de assentar todo o peso de uma autêntica vida de homem cristão: a filiação divina.[1]

Filiação divina que não deve ser entendida apenas como uma realidade de ordem moral. Não nos chamamos filhos porque Deus se comporta em relação a nós como Pai. A filiação divina pressupõe qualquer coisa que nos assemelha a Ele de modo tão real que *passamos a participar da natureza divina* (2 Pd 1, 4). É este o misterioso, o incomensurável presente que o Senhor nos deu.

---

[1] "A missão de educar exige que os pais cristãos proponham aos filhos todos os conteúdos necessários para o amadurecimento gradual da personalidade sob o ponto de vista cristão e eclesial. Retomarão então as linhas educativas acima recordadas, com o cuidado de mostrar aos filhos a que profundidade de significado a fé e a caridade de Jesus Cristo sabem conduzir. Para além disso, a certeza de que o Senhor lhes confia o crescimento de um filho de Deus, de um irmão de Cristo, de um templo do Espírito Santo, de um membro da Igreja, ajudará os pais cristãos no seu dever de reforçar na alma dos filhos o dom da graça divina" (*Familiaris Consortio*, n. 39).

Simplificai a vida interior dos filhos!

Pais, simplificai a vossa vida interior e a dos vossos filhos. Não os enquadreis dentro de uma piedade rotineira de rezas e orações que nada dizem à criança. Não lhes sobrecarregueis a vida com devoções isoladas que podem fazê-la perder a visão de conjunto.

Talvez sejam estas as ideias claras que os teus filhos devem ter e fomentar ao longo dos anos.

Porque são filhos de Deus, devem aproximar-se continuamente d'Ele. Esse é o começo da vida de oração: falarão com Deus de todas as suas coisas, simplesmente, naturalmente, como falam contigo. Hão de fazê-lo ao levantar-se, às refeições e ao deitar-se; ao sair para a rua, ao começar a brincar e à hora de abandonar a brincadeira. Devem ter sempre presente o nosso Pai-Deus.

Porque são filhos de Deus, hão de aprender dos vossos lábios as orações vocais, que tanta importância têm na infância e continuarão a tê-la depois, na formação da sua vida interior.

Porque são filhos de Deus, hão de alimentar um grande amor à boa Mãe do Senhor, que é nossa Mãe também.

Porque são filhos de Deus, hão de viver uma intensa vida sacramental.

Os teus filhos terão compreendido o que é a filiação divina quando viverem uma vida de abandono nas mãos do seu Pai; um abandono que é "o segredo para sermos felizes na terra" (*Caminho*, 766); um abandono que está inteiramente relacionado com outra característica fundamental do cristão, que tem que estar muito metida, profundamente metida, na nossa vida: a vida de infância, que "não é ingenuidade, mas forte e sólida vida cristã" (*Caminho*, 853); um abandono que não é passividade nem inação, que exige esforço, pois pressupõe que desenvolvamos o mais possível a nossa fé — crescimento na vida interior — e, com a ajuda da graça, os nossos talentos naturais, todo esse incremento das virtudes humanas de que te falei noutra altura; um abandono do qual brota uma disposição inquebrantável de serenidade, que levará os teus a se portarem sempre com aprumo, sem perderem a visão sobrenatural; um abandono que levará sempre paz às suas entranhas; um abandono cujo fruto é o domínio de si mesmo e o domínio de todas as coisas exteriores.

Se os teus filhos aprenderem a viver a filiação divina — é necessário que tu a vivas —, não conhecerão o desânimo, nem a tristeza, nem os medos, nem os temores. Não compreendes que somos filhos de Deus?

Para Deus, o Onipotente, não existem obstáculos, não há barreiras. Tudo podemos — exclamamos com São Paulo — n'Aquele que nos conforta. O Espírito Santo suprirá todas as deficiências próprias dos filhos dos homens, se lhe formos fiéis.

Se pais e filhos aprofundam, por pouco que seja, no significado da filiação divina, verão que será possível divinizar as obras do dia, ainda as mais grosseiras, pequenas e insignificantes.

É aqui que radica o sentido profundo da nossa ascética. Tudo o que tu fazes, tudo o que os teus filhos realizam, mesmo os mais pequenos, tudo se pode divinizar, tudo pode ganhar alcance divino. Nada na nossa atividade é desprezível, absolutamente nada, se, como bons filhos de Deus, nos mantemos em graça.

É necessário ter consciência desta verdade. É uma grande ajuda. A entrega ao Senhor não se pode encerrar no couto limitado de uns minutos de oração. Toda a vida de todos os dias é divinizada quando nela intervém como protagonista um filho de Deus. Tudo se converte em oração, em amor, em paz, em alegria. Ajudai os vossos filhos a descobrir Deus em todas as circunstâncias.

Devoções? Poucas, viris e constantes

Eis o que os teus filhos podem fazer:

Ao levantar-se, como são filhos de Deus, desejar-lhe-ão um bom-dia, não sem antes saltarem da cama à hora exata. Não deixes que o demônio da preguiça os engane, porque Deus está à espera deles. O "bom-dia" não precisa necessariamente de fórmulas feitas. Consiste no oferecimento de tudo quanto vão fazer nesse dia, seja tristonho ou radioso. Um "bom-dia" oferecido a Deus ou à sua boa Mãe. Jesus não se ofende quando se canta à Virgem. Acostumai-vos a rezar pela manhã, ao nascer do novo dia. Há muitas pessoas que aprenderam a rezar apenas ao deitar-se. Não é má educação que uma criança não saiba senão dar o "boa-noite"?

A escolha de uma determinada oração vocal para o oferecimento de obras tem a vantagem desde que se faça sem rotina de facilitar a piedade das crianças e de lhes gravar na memória uma recordação que será agradável durante toda a vida.

É um costume cristão não apenas pedir ao Senhor que abençoe os alimentos que vamos receber das suas mãos, mas também agradecer-lhe todos os benefícios que nos concedeu. Era o que os primeiros cristãos faziam: "Todas as manhãs e a todas as horas os cristãos louvam e glorificam a Deus pelos benefícios que lhes faz e dão-lhe graças pela sua comida e pela sua bebida" (Aristides).

Ensinai os vossos filhos a serem gratos por amor a Deus. Cristo quer que lhe agradeçamos os favores que recebemos. Não vos lembrais da cena dos leprosos? O Senhor entrava na aldeia. Ao longe, um monte de crostas na carne dilacerada de dez leprosos. Com a cabeça descoberta, as vestes rasgadas, pedem ao Mestre que entrava no povoado, que tenha piedade deles. Cristo se compadece. Enquanto iam a caminho da casa do sacerdote, são curados pelo poder de Cristo. Apenas um regressa para agradecer o milagre ao Senhor. "Onde estão os nove restantes?", há de perguntar Cristo.

Nove décimos dos leprosos de todos os tempos continuam a mostrar-se ingratos.

É mais um motivo para que lhes ensines — pregando com o exemplo — a dar graças ao Senhor depois da comunhão.

Um dia, levá-los-ás a recitar pausadamente essas orações abençoadas pela Igreja que se encontram no teu missal. Mas, noutros dias, serão palavras tuas — de mãe, de pai, de cristão — as que servirão para urdir uma oração nova. Hoje disseste ao teu Deus — o Pai, o Filho e o Espírito Santo vieram habitar na tua alma e na do teu filho — que não querias separar-te nunca d'Ele pelo pecado mortal. E o pequeno repetiu-o, atrapalhando-se nas palavras; é uma rede de palavras que soa a toque de campainhas no Céu. Ou então o teu filho repara que hoje não repetes as orações do costume. Hoje está a falar com Alguém e com Alguém importante.

Deste modo os teus filhos irão compreendendo que não são necessárias receitas nem formulários para dizer a Jesus quanto o amamos.

Aproveita esses instantes da ação de graças para ensiná-los a orar chamando "o Senhor pelo seu nome — Jesus" (*Caminho*, 303), a aproximar-se de Deus com confiança, a expor-lhe as nossas necessidades, a pedir perdão pelas muitas faltas e pelos grandes borrões que temos na alma.

Noutro dia deixarás que seja o menino — no silêncio — a contar as coisas ao Senhor. Serão os primeiros encontros do teu menino com o Menino-Deus.

E aqueles que aprenderam a orar com simplicidade continuarão a fazê-lo durante o resto da vida, sem afetação, sem formalismos, sem rotina.

Se vós souberdes tratar com o Senhor, os filhos aprenderão a tratar com Ele, deixar-se-ão contagiar pela vossa vida com o contágio maravilhoso do amor, como aquele rapazinho que fazia a sua ação de graças depois da comunhão.

— Que dizes a Jesus? — perguntou o pai.

— Eu te amo — respondeu a criança.

— E que mais?

— Olho para ti.

O pai, comovido pela fé vibrante do menino, beijou-o na fronte, enquanto lhe segredava:

— E acreditas que isso agradará a Deus?

E novamente a fé do pequenino, que tinha aprendido bem a lição da filiação divina, veio à superfície:

— Agrada-te, papai, quando te digo que te amo e olho para ti?

Pais, falai-lhes de Jesus quando o coração vos disser que já compreendem as vossas palavras.

Tu, mãe, pega na mão do teu filho e ensina-o a traçar sobre o corpo o sinal do cristão; mas não o deixes beijar o polegar ao persignar-se.

Falai-lhes de Jesus. Contai-lhes a história maravilhosa do Deus feito homem.

Ensinai-os a rezar vocal e mentalmente. Contai-lhes como Cristo quer que peçamos a Deus as coisas de que precisamos na terra: com humildade e com constância, com perseverança, como aquele que pede pães durante a noite a um amigo que já se encontra na cama. *Eu vos digo* — ensina Jesus — *que, se não se levantar e lhos der por ser seu amigo, pelo menos o fará para se ver livre do importuno.*

O menino tinha compreendido muito bem o que significa estar diante do Sacrário. Eram dois os que se encontravam na capela, a cumprir a penitência depois da confissão. Um tinha sete anos, e o outro oito. De repente, faltou a luz; a capela ficou às escuras. Às escuras, mas não completamente, porque há a luzinha do costume, que está junto do Sacrário, indicando a presença do Senhor; uma luzinha que, no seu movimento tremeluzente, projeta sombras gigantes sobre o retábulo atrás do altar.

O mais velho dos dois — com uma imaginação surpreendente —, assustado com a noite, corre para o corredor para explicar, atrapalhado, o que aconteceu.

— Tive tanto medo!... — diz.

Intervém o mais pequeno, que aparece atrás dele, sereno, tranquilo:

— Que bobão! Medo no oratório? Mas é Jesus que está lá!

Que bobo! Hei de repetir-te com frequência, pai, quando te vir duvidar e temer ante os acontecimentos negativos falhas de luz na vida: Bobo, grande bobo! Se estás com Deus, por que tens medo?

Os que amam pouco a Deus rezam de manhã, e depois esquecem o Senhor até à noite.

A realidade de que somos filhos do nosso Pai-Deus far-se-á vida na vida dos teus filhos, de tal modo que hão de chegar a sentir a necessidade de elevar o coração a Deus em todos os momentos do dia, por meio de uma jaculatória, de um ato de amor, de um sacrifício; presença do nosso Deus no trabalho, nas brincadeiras, à hora de obedecer, de tomar banho, de pedir perdão à mãe pelo desgosto que lhe causaram à noite.

Falai-lhes da importância de termos o nosso Deus presente no trabalho de todos os dias, sem necessidade de fechar os olhos nem de adotar posições mais ou menos esquisitas. Ensinai-os a ter os olhos muito abertos, como Maria na festa de Caná.

Naquelas bodas, como em todas as ocasiões, Maria vive uma vida contemplativa, uma vida imersa em Deus a que, no entanto, não escapa nenhum pormenor do que se está passando na mesa.

Foi ela, a boa Mãe, que reparou que faltava vinho, e dá remédio a essa falta pondo o assunto nas mãos do seu Filho.

Uma presença do nosso Pai-Deus que nos impeça de estudar ou de trabalhar está mal focada.

Ditosos os olhos que veem. Vós e os vossos filhos chegareis a ver Deus em tudo o que rodeia a vossa vida, em tudo o que existe, sem que os outros deem por isso.

Deixai que as crianças façam os seus propósitos para os cumprir no mesmo dia — não os obrigueis a pensar no "amanhã", pois são inimigos de abstrações —, mas não os forceis a revelá-los, se notardes que são ciosos do seu segredo.

Estimulai neles uma vida de sacrifício, mas sem a complicada contabilidade das pequenas renúncias que tiverem feito. Hierarquizai-lhes as mortificações. Ensinai-os a pôr em primeiro lugar, muito acima das penitências pessoais, as que redundem no bem-estar dos outros.

Se a menina quer comer alguma coisa desagradável, está bem; isso fortalecer-lhe-á a vontade; mas deixar a boneca para que as amigas brinquem é melhor.

Rezar setecentas Ave-Marias numa semana está bem; mas que saibam claramente, quando chegar o momento de escolher entre a obediência aos pais e as Ave-Marias, que devem obedecer.

Simplificai a vida interior dos filhos — volto a repeti-lo —, não os sobrecarregueis com mortificações impostas. Fomentai neles, pelo exemplo, a generosidade, e deixai que a graça de Deus faça o resto.

Aquela mãe, excessivamente zelosa e pouco prudente, pensando que fazia o bem — aqui reside o mal —, tinha dado ao Joãozinho, na manhã da sua Primeira Comunhão, uma caixa de bombons.

O presente, porém, como veremos adiante, era um estratagema para fomentar na criança o espírito de sacrifício e de generosidade.

— Esta caixinha — enorme! — é para ti, querido.

A festa tinha começado bem para o João. Os olhos do garoto arregalaram-se à vista da caixa.

Em breve, porém, a mãe começou a sua lição de generosidade.

Vem, Joãozinho, traz a caixa; dá alguns bombons a esta senhora; não vais querer comê-los todos sozinho, não é?

O rapaz não gostou nada da proposta. Realmente, tinha pensado em comer tudo sozinho. Enquanto abria a caixa, falava com os seus botões:

— Por que será que ela me deu esses bombons? Três eu dou para o Jaime; ele me deu umas figurinhas faz uns dias. Mais três para o Carlos. Não. Só dois. Não vou com a cara dele. A Maria vai ficar com cinco, quer eu queira, quer não; mas a Maria merece! Além disso, é muito simpática. Dou, dou cinco para ela. E se não der, ela vai pegá-los mesmo...

Eram estes os cálculos mais ou menos generosos do João.

Mas o pensamento da mãe seguia por outras vias.

— João, vamos à casa dos primos.

— De todos? — gritou o João.

E enquanto segurava na mão direita a caixa dos bombons, contava com os dedos da esquerda:

— Sete, oito, nove... vezes três... Vinte e sete! Adeus caixa!

E comeu um bombom, pensando que seria o último. Ouviu-se uma voz em *off*:

— João!

— Lá vem a mamãe pedir-me outra vez que seja generoso — mastigou o rapaz.

E adivinhou, porque a mamãe entrou na sala com o vizinho, que deu um beijo no pequeno.

Os olhos do João falavam com toda a clareza.

— Arrancas o chocolate da minha boca. Nem me deste tempo para limpar os lábios no lenço e ainda não basta. Vens buscar mais dois bombons. Chega! Pobre caixa, como era grande!

E quando a mamãe, três minutos depois, se apresentou com um rapazinho sardento que o João nunca tinha visto naquela casa, todo o desagrado e mau humor acumulados saltaram pelos olhos do pequeno, e antes de que a mãe pudesse "convidá-lo" a ser generoso mais uma vez, deixou violentamente a caixa de bombons nas mãos do desconhecido e gritou:

— Se os bombons eram para distribuição gratuita, que vá distribuí-los o sardentinho aí!

E, com um bater de porta de mau gênio, foi-se embora.

Antes de o castigares, escuta-me, mãe. Ele se portou mal, embora se deva reconhecer que em parte se dominou porque todos pensávamos, ao ver entrar o sardento, que desta vez comia a caixa toda. Merece o castigo. Mas tens de reconhecer que a culpa é tua, mulher. Não é assim que se ensina uma criança a ser generosa.

Uma mãe e uns anjos

> Aquelas crianças rezavam assim: "Santa Maria, Mãe de Deus, jogai como nós, pecadores..."
> Que havia de fazer a Virgem senão jogar com aquelas criancinhas de três anos?

Tendes de viver unidos no lar. Sempre unidos, na alegria, no sofrimento e na vida de piedade. Num lar cristão e vivo, não pode faltar a oração em comum. "A oração em comum tem mais eficácia sobre o coração de Deus" (Pio XII).

Porque onde quer que estejam dois ou três reunidos em meu nome, aí estou eu também no meio deles (Mt 17, 19).

Juntos, sempre juntos diante de Deus, os pais e os filhos, na tua casa e na Casa de Deus, teu Pai. No meio do trabalho, ao meio-dia, quando a mãe continua a arrumar a casa, e os filhos saltam e brincam no recreio, e o pai começa a sentir o cansaço do trabalho do dia, voltareis a reunir-vos espiritualmente, enquanto rezais o *Angelus* à Mãe do Céu. Recebereis um grande impulso se vos lembrardes da saudação do Arcanjo e da resposta generosa de Maria. O *faça-se* da Virgem há de servir-vos a todos para voltar ao trabalho com mais afinco. Vós dois pedireis um pelo outro e rezareis pelos vossos filhos, que nessa mesma hora estarão brincando. Ensinai os pequenos a cantar a Santa Maria.

"Nós vos suplicamos em nome de Nosso Senhor" — diz-nos Pio XII: "empenhai-vos em conservar intacta essa tradição das famílias cristãs, a oração da noite em comum... para implorar a bênção de Deus e honrar a Virgem Imaculada com o terço dos seus louvores..., todos os que ides dormir debaixo do mesmo teto: vós dois..., os pequenos que a Providência vos confiou..., e os empregados e colaboradores, que também são vossos irmãos em Cristo e têm necessidade de Deus".[2]

Quem viver a filiação divina não pode deixar de reconhecer que recebeu novamente a vida graças a uma Virgem que foi fiel à palavra de Deus. Como é possível deixar de rezar à nossa Mãe, coletiva e individualmente?

Sim, reza o terço em família, sem pressas; não faças rezar os pequenos a uma velocidade que só se emprega

---

[2] "Mães, ensinais aos vossos filhos as orações do cristão? Em consonância com os sacerdotes, preparais os vossos filhos para os sacramentos da primeira idade: confissão, comunhão, crisma? Habituais-os, quando enfermos, a pensar em Cristo que sofre? A invocar o auxílio de Nossa Senhora e dos Santos? Rezais o terço em família? E vós, pais, sabeis rezar com os vossos filhos, com toda a comunidade doméstica, pelo menos algumas vezes? O vosso exemplo, na retidão do pensamento e da ação, sufragada com alguma oração comum, tem o valor de uma lição de vida, tem o valor de um ato de culto de mérito particular. Levais assim a paz às paredes domésticas: *Pax huic domui*. Recordai: deste modo construís a Igreja" (Paulo VI, *Discurso*, 11/08/1976; cit. in *Familiaris Consortio*, n. 60).

quando queremos que não nos entendam. Faz as coisas bem-feitas. O terço não pode degenerar numa cantilena aborrecida. Rezai-o bem. Será preciso lembrar-te que não o deves rezar na cama? Pelo menos revelaria má educação.

Os pequeninos não devem rezar mais do que um mistério. É quase certo que tereis que parar na quinta Ave-Maria para lembrar-lhes que estão a falar com a Mãe do Céu.

A Virgem preside o lar do seu trono e vela por vós durante todo o dia. Quantas ternuras e galanteios não poderá escutar de nós! Ensina os teus filhos a lançar-lhe um olhar e a saudá-la pelo menos ao entrarem e saírem de casa.

Pede auxílio à Virgem para que os teus filhos a amem virilmente. É penhor seguro de salvação.

Todos os livros santos nos contaram sempre maravilhas da Mãe de Deus.

Se me permites, também eu te contarei coisas boas da Santíssima Virgem. Poderás dizer aos teus filhos que um amigo teu estava presente quando isto aconteceu.

Encontrava-me eu... não interessa onde. Prefiro guardar segredo. Chamaram-me com urgência. Um moribundo pedia com pressa um sacerdote, qualquer um. Fui eu.

Nos primeiros momentos, não me deixaram entrar na casa. Nunca um sacerdote tinha entrado lá. Más caras. Gestos feios. Mas a Virgem teve mais força e consegui entrar.

Vou contar-te. As coisas se passaram como nas histórias dos livros santos.

Um homem, na cama, exalava os últimos suspiros. Como hei de esquecê-lo?

Eu, muito comovido; o homem, que estava morrendo, também. A confissão era difícil; mal podia ouvi-lo. Encostei o ouvido nos lábios dele. Uma longa confissão.

Ao terminar — poucos minutos de vida lhe restavam —, quis explicar-me o seu "milagre". Fê-lo ofegante, cansadamente. Agradeci-lhe de toda a minha alma.

Quarenta anos afastado da Igreja.

— O senhor há de perguntar-me por que mandei chamar um sacerdote.

Contava tudo. Eu permanecia calado.

— A minha mãe, ao morrer, reuniu-nos a todos os irmãos... Olhai, disse-nos. Não vos deixo nada. Não tenho nada. Mas cumpri este testamento que vos deixo. Rezai todas as noites três Ave-Marias. E eu — como o pobre chorava! — eu o cumpri, sabe, eu o cumpri.

Morria enquanto cantava. Tudo aquilo me parecia um cântico: "Eu o cumpri, eu o cumpri".

Vês? Como nas histórias dos livros santos. Como se fosse um conto, mas um conto real que termina com a salvação de uma alma. Fiz o propósito de contar sempre este episódio. Por isso, nesta ocasião também eu posso dizer: cumpri-o.

É que encoraja tanto ter uma mãe como Maria, no Céu!

Todo ome del mundo fará grant cortesia
Que ficiere servicio a la Virgo Maria,
Mientre que fuere vivo, verá placenteria
E salvará el alma al postrimero dia.[3]
                                    (Berceo)

---

3   Todo homem no mundo fará galhardia / Se prestar homenagem à Virgem Maria, / Enquanto viver, viverá em alegria / E salvará sua alma no último dia.

Não pretendo quadricular os atos de piedade que devem ter lugar na tua família. Ao longo desta carta têm surgido algumas práticas com o fim exclusivo de te sugerir alguma coisa do muito que se pode fazer. Sois vós — lembrando-vos do que vistes na vossa família — que haveis de procurar formar nos filhos uma piedade sólida, doutrinal e prática, para que mantenham sempre vivo o sentido de filhos de Deus.

Quanto há de agradecer-te o Senhor o fato de os teus filhos, quando forem mais velhos, se lembrarem do que todos nós conservamos na memória dos tempos de infância: de que o mês de maio foi sempre o mês das flores dedicado à Virgem Maria. Que grato deve ser à Virgem que, na primavera, toda uma família — os pais e os filhos — se aproximem de um dos seus santuários para recitarem o terço!

Os teus filhos precisam aprender cedo, muito cedo, que se deve preparar sempre a grande festa da Imaculada Conceição com uma novena de alegrias.

Os teus filhos devem habituar-se desde pequenos a usar o sacramental da água benta antes de se deitarem, para limpar os pecados veniais que lhes tiverem escapado durante o dia.

Nada disto vos há de ser difícil. Os próprios anjos vo-lo facilitarão com a sua ajuda.

Ensinai-lhes que todos eles têm o seu anjo. Um anjo que oferece a Deus as orações dos meninos. Um anjo que os acompanha na dor e nas brincadeiras; que se alegra com as suas alegrias; que os ajuda a resistir às tentações.

Deveis lembrar-vos frequentemente do anjo que guarda o vosso filho. Cada um tem o seu.

Tu, mãe, que te queixas tanto de ficar só em casa com o teu filho, esqueces-te de que sois quatro os que ficais? Tu, o menino, o teu anjo e o dele.

Deus previu muito bem as coisas. Põe ao lado de cada filho um pai, uma mãe e um anjo.

Habituai-vos todos a saudar o vosso anjo.

Nem tudo é pecado

Dizia-te antes que deves incutir nos teus filhos uma piedade sólida e doutrinal. Hão de aprender perfeitamente o catecismo. Portanto, é necessário que tu o saibas.

Não equipareis o estudo da religião ao da numismática. A ignorância religiosa do nosso tempo é espantosa. *Escutai a palavra de Yavé, filhos de Israel, que Yavé vai irritar-se contra os filhos da terra por não haver na terra verdade, nem misericórdia, nem conhecimento de Deus* (Os 4, 1). Empenhai-vos em formá-los bem no catecismo da doutrina cristã.

A instrução religiosa que lhes deres deve seguir caminhos positivos.

A advertência: "Se mentires, vais para o inferno", é coisa que não se deve dizer, porque não é verdade. Nas conversas com os teus filhos, mãe, suprime do teu vocabulário frases como estas: "Deus vai castigar-te", "vais para o inferno", "isso é um pecado muito grave". Não é verdade que por essas molecagens não mandarias o teu filho para o inferno? Portanto... não te esqueças de que Deus é Pai.

Não enchais o inferno de panelas com água a ferver, que o inferno é uma realidade muito séria. Não façais do Céu uma coisa parada e aborrecida. Identificais frequentemente a ideia de bondade com a de quietude. A frase "fica quieto, sê bom", é um estribilho que aborrece os rapazes porque, graças a Deus, têm saúde e andam numa roda viva. A frase "fica quieto, sê bom" incomodava tanto o menino que acabou por perguntar: "Mamãe, no Céu também temos que ser bons?"

Não apresenteis o demônio ao nível das bruxas, dos duendes ou dos fantasmas. Não estabeleçais semelhanças entre a história e as lendas.

Pelo amor de Deus, evitai as superstições ridículas, os escrúpulos estúpidos.

É natural que o Deus Pai das pessoas crescidas seja um Deus-Menino para os pequeninos, mas que seja Menino como foi na realidade. Faço-te esta advertência porque me feriu a atenção a pergunta que um moleque me fez um dia: "Jesus é menino ou menina?" E mostrou-me uma estampa que representava o Menino-Deus na escola com um aspecto pouco viril. "Menino!", respondi-lhe mal-humorado, ao mesmo tempo que rasgava a estampa.

Pelo amor de Deus, evitai as superstições ridículas, os escrúpulos estúpidos e o mau ambiente que se pode criar se nos descuidarmos de que "tudo é pecado". Não, não mintais aos vossos filhos, que nem tudo é pecado.

Foi assim a saída airosa de um pai inteligente: o pai e o filho encontravam-se na igreja. Dentro em pouco ia ser distribuída a Sagrada Comunhão. O rapaz estava preocupado.

— Papai, tenho um pecado; não posso comungar.

O pai, que conhecia bem o moleque, quis animá-lo:

— Que fizeste, filho?

Entre lágrimas e soluços, o garoto explicou:

— Lembras-te da caneta que me deste? Vendi-a...

O pai, inteligente e carinhoso, inquiriu:
— Por quanto?
Sem deixar de olhar o pai nos olhos, arrependido, o garoto murmura:
— Cem cruzeiros.
O pai levanta-se do banco e diz-lhe:
— Vamos comungar, filho. Isso não é um pecado: é um mau negócio.

Não sois diretores espirituais

Oração em comum, sim; união de corações, sem dúvida; mas... — há sempre um *mas* —; e o *mas*, neste caso, chama-se discrição. Deves ser um bom marido, mas não um diretor espiritual da tua mulher; nem tu, do teu marido. Não tendes graça de estado para isso.

Quem te manda pedir contas à tua mulher na altura do exame de consciência? Examina as tuas faltas e pede perdão ao Senhor pelas tuas infidelidades. Tu, mulher, faz o teu exame e pede perdão das tuas quedas. Pedi perdão pelos vossos pecados e pelos dos vossos filhos. E sede discretos, porque "o marido e a mulher não são confessores" (Pio XII).

Não tenhais a pretensão de vos introduzir na consciência alheia, nem sequer sob tolos pretextos de apostolado. Não te imiscuas na vida interior dos outros. Seria zelo mal compreendido.

Conheço homens que têm inveja do progresso espiritual de sua mulher. Vi-os, há meses, aconselharem a mulher a progredir na vida interior. Depois, passado algum tempo, quando o amor de Deus encheu o coração dela, sentiram a inveja de quem fica para trás.

Acreditai que não vos fica nada bem a atitude de diretores espirituais. Deixai essas funções àqueles que as exercem por encargo da Igreja. Sede discretos e permanecereis perfeitamente unidos entre vós.

E se se der o caso — Deus não o permita — de vos encontrardes perante uma atitude qualquer da outra parte que vá contra os preceitos da lei divina... "nesse caso conservai e defendei respeitosa, tranquila, afetuosamente, mas firme e irrevogavelmente, toda a inalienável e sagrada independência da vossa consciência" (Pio XII).

Não é necessário falar constantemente de Deus

Pais, não faleis a todas as horas de Deus. "Não é necessário que faleis constantemente de Deus" (Pio XII).

Se viverdes a filiação divina, se vos sentirdes filhos de Deus, os vossos filhos irão crescendo nessa atmosfera, nesse clima em que se vivem com naturalidade as realidades sobrenaturais. E isto é o que importa. Se a nossa vida e a nossa morte estão nas mãos do Senhor, não há temores nem dúvidas nem sobressaltos que nos possam amedrontar. *Sou eu* — diz-nos o Senhor por detrás de todas as contrariedades —, *não temais*. "Receberás como bens todos os acontecimentos que te sobrevenham, sabendo que nada acontece sem autorização de Deus" (Doutrina dos Doze Apóstolos).

Lembro-te mais uma vez que o que verdadeiramente interessa é que teu lar tenha vida. Procurai que as consciências não se deformem: Cristo não é o menino com caracóis de ouro e uma camisolinha cor-de-rosa; nem a criança que faz milagres quando brinca com os amigos;

nem o tirano que está à espreita das deficiências humanas para castigá-las; nem o comerciante poderoso com quem se pode pechinchar.

Deus é nosso Pai — porque nos fez seus filhos —, o Amigo — que nos chama amigos —, o Irmão que deu a vida por todos nós, o Amor que pede correspondência e generosidade. É o Onipotente, que nos reserva no Céu o lugar mais feliz que se pode imaginar para toda a eternidade.

Lares com vida. Constituir lares com vida tem um grande inconveniente... Exige principalmente que faleis aos filhos com o exemplo da vossa vida. Não vos podeis entusiasmar falando aos pequeninos da bondade de Deus, se depois verificam que não vos aproximais d'Ele com a frequência que os vossos conselhos revelam.

Olham para vós. Quereis que vos mostre outra educação mais fácil, com menos obrigações para os pais? Não existe.

Quereis, porventura, que seja o colégio a educá-los, mesmo que vós não sejais como deveis ser? Não. O colégio não possui receitas milagrosas para formar os vossos filhos. A educação cristã exige dos pais uma vida completamente voltada para Cristo.

É assim que a grande evolução do mundo trazida pelo cristianismo há de processar-se nos lares dos homens de Cristo, para depois penetrar na sociedade, em todos os seus segmentos, em todas as manifestações da atividade humana.

Os vossos filhos viverão como vós viveis. Os vossos filhos podem formar parte desse rebanho de mortos que deambulam pelas nossas ruas, ou da multidão dos ressuscitados que se acolheram à Vida.

LARES CRISTÃOS

Não façais mal

> "Receio... que infelizmente haja entre vós contendas, invejas, discórdias, animosidades, detrações, intrigas... e que tenha que chorar por muitos". São palavras de São Paulo aos Coríntios.

Não sei se através dos caracteres frios de imprensa se poderão notar os traços rápidos, grossos, enormes, com que começo a escrever esta página.

Venho da rua. Subi correndo as escadas para me pôr a escrever, aos gritos, umas poucas palavras: ensina os teus filhos a não fazerem mal a ninguém. É que... na própria rua nos magoam tanto!

Ensina-lhes — é tua a responsabilidade, se eles não o aprendem — que nós os cristãos não podemos prejudicar ninguém. O que é que as pessoas compreenderão quando ouvem falar de amor?

> *Escuta-me e responde-me, pois choro e gemo na minha oração.*
>
> *... Não, não é um inimigo que me faz frente; se assim fosse, poderia suportá-lo. Não é um dos que me querem mal que se levanta contra mim, pois esconder-me-ia dele.*
>
> *Es tu, um outro eu, meu amigo, da minha intimidade. Íamos os dois juntos, em amistosa companhia, à casa de Deus por entre a multidão.*
>
> *... Estendem a mão contra os que com eles estão em paz; violam o pacto.*

> *Têm a boca mais untuosa que a manteiga, porém trazem a guerra no coração. As suas palavras são mais suaves do que o azeite, porém são facas afiadas.*
>
> *Homens sanguinários e dolosos, não chegarão à metade dos seus dias, mas em Ti eu confiarei* (Sl 55, 3; 13-15; 21-27).

Se hoje foi a minha vez, amanhã será a tua. Os invejosos não descansam.

Foi pela inveja do diabo que a morte entrou no mundo, e aqueles que a sentem lhe pertencem (Sb 2, 24).

Há muitos filhos do diabo à solta pelo mundo, que tratam de destruir a felicidade dos lares unidos entre os cristãos.

Está preparado porque, quando o teu lar com a graça do Deus das famílias e com o teu esforço for aquilo que tu e eu ambicionamos: um lar luminoso e alegre, cheio de paz e de festas, surpreender-te-ás voltando a encontrar a cruz; uma cruz lavrada ao fogo pelos invejosos. Os infelizes pretenderão destruir a machadadas a vossa unidade.

Não sabes bem o que podem os infames.

Eis o que eu vi e te conto.

Era uma vez — começo como nos contos, mas é uma longa história — uma família numerosa. Um lar muito cristão, em que os filhos — ainda moços, embora já crescidos — viviam um amor pouco vulgar. Era uma muralha de corações junto do pai e da mãe. Viviam o amor como Cristo o entende, feito de esquecimento do eu. Naquela casa só o *tu* contava. Todos tinham aprendido, por santo contágio, a fazer a vida amável aos seus irmãos.

Era um lar feliz. Trabalhava-se com brio e com garbo. Sentia-se a responsabilidade de levar a casa para diante com o esforço de todos.

Chegaram, porém, os infames; os que sentem inveja de que outros vivam como pessoas de bem; esses a quem o fruto e o êxito dos homens bons fazem mal.

Os perversos — há-os em toda a parte — propõem-se o que só se pode descrever com a imaginação de demônios hediondos. Procuraram cavar a desunião entre o pai e a mãe. A calúnia tem um poder enorme. Quiseram que o pai abandonasse o lar. Quiseram quebrar o amor dos filhos e das filhas.

Os invejosos — amigos da guerra *non sancta* — sentiam arder-lhes as entranhas ao verem a paz entre os santos.

Chegou a hora do sofrimento para o lar "luminoso e alegre". Mais uma vez o Senhor permitiu que os seus provassem o fel do madeiro da cruz para que, depois, saboreassem de novo o gozo e a paz. Foi o próprio pai que mo contou, depois de aplacada a tormenta e desfeita a calúnia graças ao poder do Senhor. As suas palavras fizeram-me chorar; não estava habituado a tanta maldade. Chorei mais ainda quando ele me repetiu, com a serenidade de um homem santo, uma frase que eu sabia de cor: "Na tua obra de apostolado, não temas os inimigos de fora, por maior que seja o seu poder. O inimigo terrível é este: a tua falta de 'filiação' e a tua falta de 'fraternidade'" (*Caminho*, 955).

Ainda que pareça mentira, nós, os cristãos, precisamos que nos digam que não façamos mal aos outros. É assim. Creio que é um ponto fundamental e de muita importância. Terás ocasião de ensinar aos teus filhos o amor aos inimigos; agora prefiro que lhes fales de uma coisa muito mais elementar: não fazer mal a ninguém.

Pergunto às vezes a mim mesmo se não será necessário organizar uma "sociedade protetora dos homens", onde as pessoas possam proteger-se contra as chicotadas, a calúnia, as difamações e as críticas destrutivas.

Pais, não murmureis. Vós, que ides comungar com frequência, receber o Amor, não entendais mal a caridade que Deus pede a todos os seus filhos; não a canalizeis só para os pobres, beatamente.

É este o defeito mais vulgar entre as pessoas boas: a murmuração.

A vossa boca está constantemente cheia de nomes e de ações alheias. A vossa língua não sabe revelar senão pequenos rancores. As palavras injuriosas vos escapam como água por entre os dedos. Não reparais como correm as vossas calúnias.

Essa notícia que escapou dos teus lábios agora voa entre gargalhadas. Na sua correria louca, destrói méritos, honras e corações, semeia pessimismo, envenena toda a alegria.

Há de parar finalmente, quando morrer nos umbrais da eternidade.

E aquele pequeno comentário — assim chamas tu à murmuração —, depois de correr mundo, deter-se-á aviltado, com destroços de carne rasgada, com farrapos de honras desfeitas, com pedaços de alegrias mortas. São estes os troféus que hás de encontrar quando cruzares os umbrais das alturas.

Não façais mal a ninguém. Que esta primeira ideia sirva para muitas conversas com os teus filhos. *Não ofendas a ninguém, nem em muito nem em pouco* (Eclo 5, 18). *Como hei de amaldiçoar o homem a quem Deus não amaldiçoa?* (Nm 23, 8).

Vai dando-lhes consciência de que há outros rapazes que também têm as suas aspirações, tão legítimas como as deles. Que não procurem destruí-las. Que compreendam de uma vez para sempre que há muitos homens no mundo que têm direito a viver, a pensar e a trabalhar. Que respeitem a honra, a fama e a liberdade dos seus semelhantes.

Tens de falar-lhes de santidade e dos grandes desejos de alcançá-la, mas explica-lhes ao mesmo tempo que não há santidade possível sem serviço ao próximo.

O inimigo do serviço e do amor ao próximo é a inveja. As ruas estão cheias de invejosos, de corações ruins que se irritam com o bem dos outros.

Só serão bem-aventurados aqueles que puserem toda a sua alegria em tornar a vida agradável, sorridente e feliz aos outros.

Foi a natureza que introduziu no coração de todos os homens um impulso natural para amar os outros. Não o apagueis.

"Procurai cultivar aquilo que caracteriza a nossa qualidade de filhos de Deus, a saber, a unidade de vida que liga o cristão simultaneamente com Deus e com os seus irmãos. Nada deve, não já quebrar, mas nem sequer perturbar essa união espiritual baseada no amor, que tem como condição necessária a paz do homem com Deus e a concórdia dos homens entre si" (Chevrot).

Todos temos de ser melhores. Cada um de nós deve dizer: *tenho de ser melhor*, e sê-lo efetivamente.

Eis um provérbio carregado de razão: "Se todos varressem à sua porta, toda a rua estaria limpa".

Vejamos o que podemos fazer em nosso lar.

O primeiro dever dos esposos em relação aos filhos é amarem-se muito um ao outro. É a primeira coisa que devem conseguir. Amai-vos como vos amáveis durante o namoro.

Pensais porventura que se pode criar um ambiente de lar com sermões sobre o amor?

As crianças, com esses olhos que veem tudo, surpreendem no vosso rosto o vosso carinho ou a vossa desunião; a alegria ou a discórdia.

Os vossos filhos amar-se-ão e amar-vos-ão muito se vós vos amardes muito também.

Os filhos estão sempre dispostos a perdoar-vos os caprichos de pai ou de mãe nas coisas triviais da vida. Mas nunca poderão compreender uma discórdia sobre as grandes orientações que devem reger a vida familiar.

Não sei se vem a propósito esta exclamação de Tagore. Seja como for, ela me fez pensar, e espero que te leve a fazer o mesmo. São estas as palavras do poeta bengali ao regressar à sua Índia, depois de ter viajado por terras cristãs:

"Se vós, cristãos, vivêsseis como Cristo, toda a Índia estaria a vossos pés... Mestre Jesus, não há lugar para ti na Europa. Vem, toma lugar entre nós, na Ásia, no país de Buda. Os nossos corações estão abatidos pela tristeza, e a tua chegada há de aliviá-los".

Procurai a felicidade dos amigos

> "Que pessoas tão rudes que, convivendo e estando sempre em companhia... e acreditando que Deus as ama e elas a Ele..., não lhe ganham amor?" (Santa Teresa).

Pais cristãos! Temos de constituir lares onde se viva plenamente a caridade que Cristo nos prega hoje através do Evangelho.

Não fazer mal aos outros exige todo um programa de ensinamentos; mas tu não podes nem deves ficar nessas lições negativas do amor. Aproximar-te-ás mais do ideal quando, na tua família, os esforços de todos se encaminharem para a felicidade dos outros.

Numa festa de Natal, alguns anos atrás, apresentei-me na casa de um sacerdote com um grupo de rapazes. O pároco tinha organizado uma grande cavalgada de Reis Magos, com distribuição de brinquedos para essas crianças a quem os Magos do Oriente oferecem todos os anos coisas de pouco valor, por serem pobres.

Um dos rapazinhos mostrava-se triste porque queria oferecer para a festa o seu trenzinho último modelo; mas a mãe, à última hora, tinha-o substituído — generosa! — por um palhaço velho com uma perna quebrada.

Lembro-me de que aquele sacerdote, ao receber os presentes, agradeceu-os com estas palavras que chegaram ao coração da meninada: "Agradeço-vos muito porque, com os vossos brinquedos, fareis felizes outros meninos".

Fazer um menino feliz, alegrar a vida de um necessitado. É todo um programa de santificação pela alegria, que nunca poderá compreender quem substitui à última hora o trem pelo palhaço velho e partido.

"Santificar-se fazendo a vida agradável aos outros". Falei disto há anos na minha primeira carta, e não tenho receio de voltar a repeti-lo, porque tens necessidade de que o faça.

"Não existe coisa desagradável que não se perdoe com facilidade naqueles a quem se ama, e grave deve ser quando dá lugar a uma zanga" (Santa Teresa).

Não enchais o vosso lar de maus humores. Raivinhas, não. Intemperanças, também não. Nem mau gênio, nem respostas bruscas, nem palavras mordazes. Não descarregueis sobre a família as chicotadas que recebestes na rua, no escritório ou no balcão.

Que se possa contar convosco sempre, ainda que estejais de mau humor.

Compreendo o teu temperamento forte, mas nunca poderei compreender que procures dominá-lo diante de estranhos e o soltes brutal e estupidamente diante dos teus.

Esqueces que o próximo começa pelo mais próximo?

Quando te ouço dizer ao teu filho: "Tens que tratar melhor a empregada", fico nervoso, não te compreendo. Se o teu filho não trata muitíssimo bem aqueles que estão ao serviço da casa, culpa-te a ti mesmo! O culpado és tu, que há uns dias deste cinco tostões ao garoto para que os deitasse na caixinha das missões.

Dar dinheiro para as missões e humilhar a empregada! Incompreensível. Confundirão a caridade com o dinheiro. O teu filho bem sabe que também pagam o salário à empregada.

Não é dos teus lábios que devem aprender a tratar os empregados, mas de o verem posto em prática.

A respeito da empregada, o menino deve saber donde vem, o que fazem os pais dela, os irmãos que tem, se gosta de estar em casa e por quê.

Falar aos filhos das necessidades dos índios e não conhecer os sofrimentos da empregada é tão pouco cristão como, para um adolescente, é deformador conhecer de cor todos os rios e montanhas da Ásia e não ter explorado as terras limítrofes da sua.

As explorações e a caridade começam sempre pelo mais próximo.

Pais! Nada de egoísmos, porque os filhos estão sujeitos a contágio.

Nada de regateios, porque vos saem camelôs.

Nada de críticas negativas, porque vos saem mesquinhos.

Nada de incompreensões, porque os tornais miseráveis.

Pais, semeai carinho no lar, e os filhos amarão a Deus com todo o coração, com toda a mente, com toda a alma, com todas as forças, amando o próximo.

Espírito de serviço

Todo o homem que se une a Cristo tem de entender a vida como um serviço aos homens. "O cristão não emprega" — diz Schmaus — "os seus esforços culturais ou políticos em produzir valores objetivos, mas em produzir valores para o bem e utilidade do homem. Santo Agostinho diz que o poder terreno é uma função de serviço". Quero falar-te do espírito de serviço que há de animar a tua vida e a dos que te rodeiam.

Primeiro a tua vida. Os filhos têm de ver com os seus próprios olhos o que significa dar-se aos outros. Quando te veem atuar na família, têm de compreender que nesta vida, o amor consiste em fazer boas obras.

Pesa sobre vós a responsabilidade de manter vivo o espírito cristão das primeiras gerações. Era este o tom de vida daqueles homens: "A nossa religião não se cifra em cuidar de discursos, mas na demonstração e no ensinamento por obras". "Entre nós... é fácil encontrar pessoas simples, artesãos e velhinhas que, embora não sejam capazes de manifestar verbalmente a utilidade da sua religião, contudo demonstram-na pelas suas obras.

Porque não aprendem discursos de cor, mas manifestam boas ações: não ferir a quem os fere, não perseguir em juízo a quem os despoja, dar a todos aquilo que lhes pedem e amar o próximo como a si mesmos". Estes dois textos de Atenágoras exprimem tudo o que tenho a dizer-te.

Quantos temas vão surgindo para as tuas conversas amistosas com os filhos.

Ir-lhes-ás desvendando pouco a pouco o Evangelho. Tens aí um excelente apostolado familiar. Dá-lhes a entrever como o carinho de Cristo pelos seus o levava a lavar os pés sujos dos discípulos.

Incute neles o espírito de serviço aos outros e o respectivo fundamento: o espírito de sacrifício. Tens aí a base de toda essa formação social tão necessária nos nossos dias.

Se não o fizerdes, os rapazes tornar-se-ão individualistas, comodistas, com alma de avarentos; assustar-se-ão quando lhes falarem da grande preocupação que é preciso ter pelos problemas, pelas necessidades, pelos interesses, pelos direitos, pelos gostos e pela vida dos outros.

Não podemos permitir que ao nosso lado apareçam gerações de homens entregues exclusivamente às suas próprias coisas. Temos que esforçar-nos por formá-los generosamente.

Se Deus é amor — e realmente é —, o homem feito à imagem e semelhança de Deus também deve sê-lo. E o amor só sabe dizer "tu", ou, se não o sabe, é egoísta e mudo, violento e triste. O amor atualiza-se na doação a outra pessoa.

Por mais paradoxal que possa parecer, dir-te-ei — plagiando Schmaus — que o homem só se realiza plenamente quando se dá, quando se oferece aos outros.

Parece-te estranho que seja assim? Abre o Evangelho. *Quem quiser conservar a sua vida, perdê-la-á; quem a perder, encontrá-la-á.*

É necessário dar-se. Unicamente deste modo poderemos ensinar os outros a dar-se.

Quando te perguntarem o que vem a ser isso de nos darmos, de nos entregarmos a Deus, dando-nos aos nossos irmãos, aos amigos, ao próximo, conta-lhes a história de Saulo, a quem o próprio Deus, depois de derrubá-lo do cavalo com um raio da sua luz, explicou claramente o que os teus filhos precisam aprender. A caminho de Damasco, Saulo compreende pela primeira vez que perseguir determinados homens que se chamam cristãos é perseguir Jesus. A partir desse momento, a ideia permanece latente em todo o labor do Apóstolo, como um estribilho que acompanha qualquer espécie de canção: tudo o que fizermos aos outros homens é feito ao próprio Cristo.

Nunca é cedo demais para começares a ensinar aos teus filhos este espírito de serviço, este sentido de sacrifício pelos outros, como forno onde se coze o sentido da responsabilidade pessoal.

Espírito de serviço? É verdade que o desejas para os teus filhos? Diz-lhes que todos os talentos que receberam de Deus — inteligência, memória, vontade, bens, espírito de iniciativa, laboriosidade, lealdade, todas as virtudes humanas e todas as virtudes sobrenaturais — têm uma função social. Receberam-nos de Deus para os porem aos pés do próximo; o mesmo se passa com a fortuna e com os grandes ideais.

Espírito de serviço? É verdade que o desejas para os teus filhos? Que respeitem sempre o direito, as opiniões, os bens dos outros. Evita, à mesa e na vida de família, as troças e as humilhações mútuas. Procura saber se o teu filho é bom camarada, leal e sincero com os amigos. Procura saber se aprendeu a emprestar brinquedos, apontamentos e lápis de cor aos seus companheiros de escola.

Um filho corre sempre o perigo de se tornar pródigo, mas corre ainda maior perigo de se assemelhar ao irmão do filho pródigo: ruim, avarento, triste ante a alegria do regresso do irmão à casa paterna.

Enquanto os anjos se alegram com a conversão de um pecador que faz penitência, o irmão do filho pródigo enche-se de tristeza.

Não te reste a menor dúvida de que a verdade está nessa alegria dos anjos, na tua e na minha.

Os teus filhos, como os Apóstolos em certa ocasião, e como o irmão do filho pródigo, podem reagir mal diante do pecador, do que erra ou do luxurioso. Mas para isso estás tu — sempre oportuno —, para os corrigir e admoestar, como homem bom, à semelhança de Cristo e do pai do filho pródigo.

Os Apóstolos pediam fogo para as cidades orgulhosas; o falso irmão queixava-se da festa organizada para festejar o regresso do pródigo. Cristo, porém, estabelece a reta doutrina e o pai repreende o filho aparentemente fiel.

Exigências sociais

Queres incutir neles o espírito de serviço, o sentido da responsabilidade social?

Explica-lhes que são centenas e milhares de homens de diversas raças e de vários países os que cooperam no preparo da nossa alimentação; comenta com eles a atividade que os trabalhadores tiveram de desenvolver para que o menino da casa pudesse tomar comodamente o seu café da manhã ao levantar-se da cama; descreve-lhe os sacrifícios impostos aos mineiros que têm de arrancar o calor e a luz das entranhas da terra.

Se te tiverem entendido... hão de aparecer neles o afeto, a simpatia e a gratidão para todos os seus irmãos mais velhos, os trabalhadores, e não será necessário falar-lhes muito de reformas sociais. "As crianças que foram iniciadas no sentido que acabamos de expor, quando atingirem a idade adulta, saberão por si mesmas que devem opor-se, em qualquer espécie de conflito social, ao egoísmo de classe, quer venha de cima, quer de baixo" (Foerster).

Entendes tudo o que podes fazer com os teus filhos?

E das coisas materiais hás de elevar-te facilmente à Comunhão dos Santos.

O cristianismo traz no seu íntimo certas exigências especiais. A Igreja é uma comunidade jurídica e é, ao mesmo tempo, o Corpo Místico de Cristo, uma realidade viva, integrada por muitos membros, que precisam todos uns dos outros.

O que, porém, deveis evitar — sob pena de os tornardes inúteis para Deus e para a sociedade — é o que fez aquela pobre mãe, pobre de conhecimentos acerca do espírito de serviço e de amor. Ao saber que na excursão da escola tinham juntado todos os farnéis para os repartir indistintamente à hora do almoço, para que todos comessem alguma coisa do que os outros tinham levado, disse com ar resoluto ao filho: "A partir de agora, nas próximas excursões, não te dou mais lombo. Para que os outros o comam?!" Pobre filho! Que poderá compreender a sua cabecinha pequena quando a mãe lhe ensinar — só por palavras, é óbvio — o amor a Deus e ao próximo?

Por amor de Deus, abandonai essas tresloucadas pedagogias individualistas. Estamos no século XX. Os teus filhos precisam de um trabalho de equipe em todas as ordens. Repete excessivas vezes que a caridade bem entendida começa por nós mesmos. Contudo, não compreendeste bem. Caridade não quer dizer capricho. Diz antes aos teus filhos que os caprichos alheios estão acima dos caprichos pessoais.

Na primeira ocasião em que o teu filho rezar o Pai-Nosso em voz alta, quando chegar ao "venha a nós o vosso reino", explica-lhe quem são os que fazem parte do "nós": o pai, a mãe, os irmãos, as empregadas, os operários, os amigos, os professores, os sacerdotes, os desconhecidos e também esses a quem as pessoas chamam "os maus". Do "nós" fazem parte todos os homens, porque todos formam um só Corpo.

Verifica se o teu filho, quando sai à rua para brincar, continua a lembrar-se de quem são os que fazem parte do "nós" do Pai-Nosso.

Logo que aprenderem a dizer: "o que é meu é para mim", põe-nos em contato com a miséria, com as choças, com as pessoas que vivem debaixo das pontes, com a fome das crianças.

E quando forem mais velhas, não te esqueças de lhes mostrar de perto, muito de perto, em visita demorada e preparada com antecedência, o que são um hospital e um manicômio por dentro. Tu, mãe, não te assustes. É necessário que compreendam depressa que o "nós" também abrange aqueles que sofrem.

Esmola

> Os primeiros cristãos viviam assim: "E se há entre eles algum pobre ou necessitado, e eles não têm abundância de meios, jejuam dois ou três dias para satisfazer a falta de sustento necessário aos necessitados" (Aristides).

Se todos os valores, se todas as virtudes que tu e os teus filhos tendes devem orientar-se também para a utilidade dos outros homens, não se deve excluir deles o dinheiro, como se não tivesse outra função além de satisfazer o capricho pessoal. Mais adiante hei de falar-te do que se deve fazer com o dinheiro dos filhos, desse dinheiro que eles te pedem semanalmente e que tu todas as semanas lhes deves dar. Por agora pretendo insistir no "nós" do Pai-Nosso, de que falamos na página anterior.

Do "nós" fazem parte também os pobres, esses a quem hoje se chama "economicamente menos favorecidos", mas que continuam a ser pobres.

Os primeiros cristãos conheciam a Sagrada Escritura; sabiam que era necessário ajudar os necessitados.

> Se houver ao pé de ti um necessitado de entre os teus irmãos, nas tuas cidades, na terra que Yavé, o teu Deus, te dá, não endurecerás o teu coração nem fecharás a mão ao teu irmão pobre... Deves dar-lhe do que é teu, sem que o teu coração se entristeça ao fazê-lo; por isso Yavé teu Deus te abençoará em todos os teus trabalhos e em todas as tuas atividades. Nunca deixará de haver pobres na terra; por isso eu te dou este mandamento: abrirás a tua mão ao teu irmão, ao necessitado e ao pobre da tua terra (Dt 15, 7–11).

Os primeiros cristãos conheceram a doutrina de Cristo e puseram-na em prática. "Nós que amávamos o dinheiro e o aumento dos nossos bens acima de tudo, agora pomos em comum tudo o que temos e damos parte disso a todos os que estão necessitados" (São Justino).

"Se tendes possibilidade de fazer o bem, não o adieis, pois a esmola livra da morte" (São Policarpo).

"Que é uma coisa boa visitar... os pobres com muitos filhos..., é evidente e indiscutível" (São Clemente).

Entre os primeiros homens do cristianismo também os pobres davam com sacrifício:

"E se há entre eles algum pobre ou necessitado e eles não têm abundância de meios, jejuam dois ou três dias para satisfazer a falta de sustento necessário aos necessitados" (Aristides).

Não é verdade que viviam mais sinceramente o cristianismo?

Hoje, quando se trata de ter filhos e de dar esmola, todos se escondem e se encolhem por trás do escudo que tem por lema: "Também os outros não têm filhos nem dão esmolas".

Corremos o perigo de constituir uma geração de homens que não conhecem sequer a palavra esmola.

Já dais? Sim, já dais tostões. Hoje, dão-se muitos tostões à Igreja e aos pobres.

Ora, os tostões são recompensados quando não se têm senão tostões, como no caso da viúva pobre do Evangelho.

Só em presença da Igreja e dos pobres é que levais a mão ao bolso das calças, que é onde se guardam os miseráveis tostões.

Estais convencidos de que é assim que se conquista um tesouro no Céu?

Quem vos ensinou a ser tão magnânimos? Picastes farisaicamente na letra do Evangelho e dais, quando muito, copos de água, uma água sem amor de Deus.

O que é que os vossos filhos poderão aprender sobre a esmola?

Quando o tempo passar e os tostões deixarem de estar em circulação, que é que os vossos filhos hão de dar?

Tostões, tostões. Dais muitos tostões. Estais sinceramente convencidos de que são muitos os problemas e as grandes obras de apostolado que se hão de resolver na Igreja com o peso dos vossos tostões? Quando os lojistas precisam de tostões, dirigem-se sempre às sacristias das Igrejas, na certeza de lá encontrarem o troco de que precisam.

Que vos diria São Paulo se fosse hoje pelas vossas casas para receber a vossa esmola?

Quantas obras de apostolado, verdadeiramente gigantescas, não se poderiam levar a cabo se tu prestasses a tua colaboração econômica?

Por que não fazes um balanço do que deste de esmola o ano passado? Com certeza que não levarás muito tempo. Sobra-te muito tempo, se não contares... os tostões.

Não contes essas bonificações que deste aos operários pelo Natal. Não, não as contes. Essas gratificações deste-as para não te queimarem a fábrica. Não entram na rubrica de "caridade", mas na de "seguro contra incêndios".

Como são incômodos os operários quando se revoltam, não é verdade? Não achas que seria conveniente que os "padres" se ocupassem deles para lhes ensinarem a viver a "resignação cristã"?

Eu vi — podes dizê-lo aos teus filhos — a pobre viúva do Evangelho. Eu verifiquei como se iluminavam os olhos de Jesus ao vê-la deitar na caixa do templo duas pequenas moedas, que eram toda a sua riqueza.

Era uma velhinha de setenta e cinco anos, cheia de rugas, um pouco curvada. Sofria muito e nunca perdia a alegria.

Uma velhinha dessas que chegam à igreja de madrugada.

Não conhece as fórmulas dos tantos por cento do supérfluo que é preciso dar de esmola. Inventou a sua própria fórmula. Recebe uma pensão de meio salário-mínimo por mês; gasta metade e dá a outra metade. Não tem filhos e tudo é para os pobres.

Temos de reconhecer que tem uma mania, uma mania abençoada: a de que ninguém o saiba. Abençoada mania e abençoada velhinha, que bem aprendeu aquilo que Cristo diz no Evangelho.

A fórmula da esmola da nossa mulher é flexível. Eis outro dos seus acertos: "Como no último mês, em vez de gastar metade da minha pensão, só gastei um terço, este mês posso dar dois terços". Eram estas as suas palavras.

E tirou do bolso velho alguns milhares de cruzeiros em notas de cem. Era tudo o que tinha poupado durante o mês. Será assim a sua esmola, até à morte.

Ficará sem nada na terra. Mas tem a certeza — tu e eu também a temos — de que está a encher uma grande bolsa no Reino dos Céus.

A velha não sabe que neste livro ficou escrito um pequeno capítulo da sua vida. Possivelmente quando estas páginas saírem da tipografia, a pobre velha, a mulher curvada que sofre muito sem perder a alegria, já terá encontrado no Céu uma bolsa velha cheia de grãos de ouro.

Esta boa velha aprendeu a dar, e a dar-se vendo o que os seus pais faziam, há muitos anos, em casa. Os teus filhos aprenderão também o que é esmola, o que é caridade?

Descanso na família

Não serás tu a mãe daquele menino que se queixava a mim: "Nunca vejo a mamãe porque está sempre dando conferências sobre a educação dos filhos"?

Seis pares de Apóstolos, sem pão e sem dinheiro, ensinavam e curavam os filhos de Israel, cumprindo o mandato de Cristo.

Os doze Apóstolos, disseminados em grupos, saravam os leprosos e davam vida aos mortos.

Foram dias de trabalho incessante, contínuo e gozoso.

Ao regressarem, juntaram-se outra vez ao Senhor e contaram-lhe tudo o que tinham feito e ensinado.

Cristo viu-os fatigados e disse-lhes: *Vinde a um lugar solitário e descansai um pouco*; porque — acrescenta São Marcos — *eram muitos os que iam e vinham, e nem sequer tinham tempo para comer*. E, entrando na barca, retiraram-se para Betsaida.

É preciso descansar; o trabalho, embora seja uma obrigação, não é a única nem a mais importante.

Conheço muitos pais que vivem satisfeitos porque se entregam ao trabalho sem parar. Têm o vício de trabalhar; às vezes, seria mais exato dizer o vício do dinheiro. Devo declarar-lhes que uma ocupação que absorva todas as horas do dia de um pai de família não é concebida cristãmente.

Não é cristão o trabalho que impede de estar com Deus, com a mulher, com os filhos e os amigos.

Quero dizer com isto que o teu plano de vida deve permitir-te, além do trabalho profissional, algum tempo para Deus e algum tempo para o descanso, que "não é não fazer nada" (*Caminho*, 357), mas dedicar-se à família e ao apostolado.

Cristo estava em amena conversa com os seus quando se aproximou um grupo de mulheres com os seus meninos: "Jesus, por que não abençoas os nossos filhos?" E quando Cristo sorria olhando para as crianças, os impulsivos discípulos do Senhor as afastaram para evitar que incomodassem o Mestre. Cristo teve de intervir, admoestando os rudes pescadores: "Deixai-as aproximar-se".

As crianças andam como pássaros à volta de Cristo que, entretanto, as abençoa.

Quantas coisas nos podiam contar Lázaro, Marta e Maria das horas de simples conversa que tiveram com Jesus! Pensáveis que Cristo não descansava? É claro que descansava; o que não fazia era perder o tempo.

A fonte de Jacó em Sicar, ao pé do monte Gerizim, e a Samaritana com o cântaro cheio de água, podiam contar-nos também muitas coisas boas do descanso de Cristo.

Nenhum dos teus filhos poderá contar, no regresso do colégio, as maravilhas que os Apóstolos contaram a Cristo naquela conversa interrompida pela multidão faminta de pão e de doutrina. Os teus filhos não poderão falar-te dos demônios afugentados nem dos paralíticos curados. Mas hão de contar-te o que fizeram e o que aprenderam; e voltarão alegres a casa, com a mesma alegria dos doze. Estes, por tornarem à presença de Cristo; os teus, por tornarem ao convívio com o pai e a mãe. Talvez não vos falem de coisas transcendentes, mas de pequenas travessuras; porém, as conversas da tua casa podem ter o mesmo encanto do diálogo do Senhor com os discípulos.

Alguns dias encontrarás os teus filhos — desta vez, como os Apóstolos — discutindo qual deles se sentará ao pé do pai. Nem a educação nem o carinho os levarão a ceder um palmo nos seus direitos de primogenitura.

Naquela ocasião, o Senhor teve de intervir para corrigir, como também tu deves fazer; não desesperes. Pequenos desejos de vingança, ambições pouco nobres, orgulhos, presunções, objetivos humanos. Estes eram, entre outros, os defeitos dos doze; podes estranhar que também sejam os dos teus filhos?

Jesus contava coisas sublimes do amor. Tu hás de conformar-te com coisas minúsculas ao alcance das inteligências infantis.

O descanso em família é o direito que os filhos têm de estar com os pais, e a obrigação destes de descansar com os seus.

— Que bom, mamãe, amanhã estaremos todo o dia juntos, da manhã à noite, dizia um pequenino de seis anos, em véspera de uma viagem de trem.

Isto não vos diz nada, mães? Não acontecerá que não vos veem senão nos feriados?

Não, não pode ser. Não tendes desculpa. Correis por toda a parte, enquanto os filhos estão à vossa espera em casa.

Mães, que fazeis fora do lar todas as tardes? Se é por necessidade, Deus suprirá a vossa ausência; mas se é por capricho, a ausência acabará em vício, um vício que há de arruinar a família.

— Como hei de arranjar tempo para estar com eles?

A pergunta está malfeita. O mais importante para ti na terra são o teu marido e os teus filhos. Só depois é que vêm os trabalhos alheios ao lar.

Por acaso pensaste que as relações sociais estão acima do tempo que é necessário dedicar aos filhos?

Tendes de sair todas as noites? Quem foi que vos impôs esse dever? Não vos deixeis tiranizar por nada nem por ninguém.

Não podeis estar em casa quando os filhos regressam? Que pena.

Não vos veem senão nos feriados? Então acusai-vos seriamente de não cumprirdes os vossos deveres de pais.

E se a culpa for de alguns colégios que fecham os rapazes e as moças desde as oito da manhã até às nove da noite, enchendo-os de deveres para casa, entre o primeiro e o segundo prato?

A *tertúlia* familiar é a reunião alegre e diária em que todos narram os incidentes e as pequenas aventuras do seu dia; em que o pai e a mãe contam a história da família; em que todos esquecem o frio e os encontrões da rua.

É a reunião em que todos aprendem a prestar pequenos serviços aos outros. A tertúlia deve estar cheia de pequenas delicadezas.

Não é esse o momento de perguntar a lição; é o momento de aumentar a amizade com os filhos.

Durante a tertúlia, os filhos aprendem a ficar doidos pelos seus pais, como a irmã de Lázaro, quando se sentava aos pés do Senhor.

A tertúlia é o momento de os pais brincarem com os filhos, o momento das histórias, das canções, do riso franco, do bom humor; é a hora abençoada do descanso em família.

E os teus filhos como rebentos de oliveira à volta da tua mesa (Sl 127, 3).

O que os filhos ensinam aos pais

Os teus filhos olham para ti porque querem ser como o pai. Olha tu para eles — é Deus quem o manda — porque tens de ser criança.

O fim de um filme de curta metragem — penso que se chama *A janela* — sugeriu-me esta pequena história.

Era uma vez um menino... Estás disposto a fazer-te menino para poderes compreender a história? Não esqueças que são elas, as crianças, quem ensina aos homens como se deve brincar na vida.

Elas — as crianças —, quando brincam de guerra, levantam a bandeira branca ao primeiro ferido. São os homenzarrões os que não sabem acabar as guerras a não ser com muitos mortos.

Elas têm brigas como nós; inimizades, zangas terríveis... que se dissipam à noite. A noite, nas crianças, dissipa todos os pesares, porque as estrelas, ao mover-se, limpam as coisas sujas que se pegaram às suas almas durante o dia. A noite, entre os homens, acende velhas paixões, vinganças esquecidas, porque os homens não sabem brincar com as estrelas nem querem escutar as suas histórias.

Quando em cada dia as crianças acordam para a vida, acordam sorrindo; para elas, todos os dias são novos. Para os homens que não sabem ser crianças, os dias são todos iguais, cheios de rotina e de cansaço; todos os dias são velhos.

O homem desperta para a luz sabendo o que o espera. A criança não se detém a magicar nas horas más desse dia; gosta de pensar apenas no que encontrará de aventura, naquilo que os dias têm de vida e de cor.

As crianças enamoram-se das coisas de cada dia e por isso gostam da luz.

A inocência das crianças as leva a viver livremente. Os homens vivem sempre presos a mil olhos tão sujos como os deles. Malditos respeitos humanos sujam as suas mãos. As crianças preocupam-se apenas com o Deus que olha para elas através das estrelas.

Mas... que estava a dizer-te?

Era uma vez um menino que tinha por brinquedo um anjo bom e por companheiro um homem mau.

O menino e o homem encontravam-se num quarto grande de um velho hospital. A criança, com o seu anjo bom, numa cama branca, ao pé da janela. O homem, na outra cama, suficientemente perto para lhe poder falar, suficientemente longe para não poder espreitar pela janela.

Não sei que doença tem o homem mau que não pode levantar-se.

Não sei de que sofre o menino amigo do anjo que exige cuidados durante toda a noite.

Quanto melhor é o menino, mais ódios se acendem no coração do companheiro.

O menino fala de jardins e de sonhos, de homens e de rapazinhos, de ruas e de praças, de tudo o que vê pela janela.

Às vezes, interrompe a conversa porque se sente com falta de ar; nessa altura, toca a campainha... e uns aventais brancos entram como doidos e acalmam-lhe as dores de morte.

E novamente, logo que pode, olhando pela janela, continua a contar as coisas das nuvens e das flores, da cor do céu, da cor do dia, da cor das estrelas, da cor da noite.

Cresce no coração do homem mau uma paixão perversa, uma grande inveja, porque deseja a janela. Todo o resto o aborrece, o cansa, o esgota; só pretende a janela. A imaginação suja empurra-o a ver coisas que o menino de olhos puros não distingue.

Talvez o menino tenha adivinhado as loucas paixões do companheiro, porque hoje falou-lhe como nunca do sol, de sombras e de luzes.

O homem mau enfureceu-se:

— Cala-te!

E o menino, com a voz do seu anjo, respondeu:

— Queres que troquemos de cama?

O perverso sente-se incomodado com a generosidade do menino.

E o menino, para alegrar-lhe a vida, conta-lhe e torna a contar-lhe o que vê pela janela.

— Ai, que vermelho está o céu!

Esse "céu vermelho" — todo ternura — enfureceu como nunca o malvado.

Naquela noite, quando o rapazinho, como nos outros dias, chamava pelas estrelas no momento em que estas desembainhavam as suas espadas no céu, chegaram as agonias mortais do costume.

O menino estende o braço para tocar a campainha... e não a encontra. Depois de um suspiro extenuante, cheio de dores, apalpa outra vez a mesinha... e nada. Levanta-se com grande esforço..., e avista com os olhos brancos a mão negra do homem que retém a campainha.

— Toca, toca... depressa... Toca — grita o rapazinho como pode —, estou sufocando. Toca, sê bom.

Os olhos quase mortos do menino contemplam pela última vez, nas mãos duras do companheiro, a campainha, uma campainha muda, com uma grande lágrima por badalo.

No dia seguinte, os aventais brancos entraram como de costume e encontraram o homem adormecido e o rapazinho morto. E a campainha, fria e muda, sobre a mesa de cabeceira.

Levaram o cadáver do menino que tivera por brinquedo um anjo bom. E mudaram o homem mau para junto da janela.

E o que os olhos deste viram cheios de raiva foi uma parede, uma parede enorme, com gretas verdes, e, por cima, um telhado sujo, com telhas velhas, partidas, vermelhas, feitas de sangue.

O amor de dois ciganinhos

Quereis saber realmente o que é carinho? Quereis viver unidos, pais e filhos, no vosso lar? Nesse caso, tendes que aprender o que é o amor. Ides aprendê-lo com as crianças ciganas. A história que te vou contar serve tanto para os filhos como para os pais. Todos precisamos de que nos lembrem o que é o amor.

Estamos diante da Porta Elvira, com as suas treze ameias. Passa por ela e vira à direita. Todo o sol da Andaluzia cai pela encosta do Alhacaba, que dá para o bairro do Albayzin, em Granada.

À esquerda corre o regato. Olha para cima. Daí, da direita, do próprio bairro do Carmen, saem os dois ciganinhos pançudos, protagonistas desta história feita realidade pelo amor dos rapazinhos.

O menorzinho, muito contente, bate palmas. Tem o cabelo encaracolado. A camisa, de fora, não lhe cobre mais de palmo e meio. É quase negro, de um negro puxando para o cinzento-pó-de-estrada. Os pés vão descalços sobre as pedras do caminho. Que idade terá? Pouco mais de cinco anos.

O mais velho é que deve ter dez.

Com a indumentária dos dois irmãos ciganos talvez se pudesse vestir um deles completamente. O menor traz meia camisa; o mais velho, umas calças que segura com uma alça em forma de bandoleira sobre a carne escura, da cor da madeira enegrecida. O menor dança à volta do mais velho. Este, de uns dez anos, sai devagar do Carmen, à direita, com ar processional, trazendo nas mãos um pote de leite.
Aqui começa o diálogo.
— Senta-te. Primeiro bebo eu e depois bebes tu.
Se o tivesses ouvido! Dizia aquilo com ar de imperador. O menorzinho olhava para ele, com os seus dentes brancos, a boca semiaberta, mexendo a ponta da língua.
Eu, como um tolo, contemplava a cena.
Se vísseis o mais velho olhando de viés para o pequenino!
Leva o pote à boca e, fazendo gesto de beber, aperta fortemente os lábios para que por eles não penetre uma só gota de leite.
Depois, estendendo o vasilhame, diz para o irmão:
— Agora, é a tua vez. Só um pouco.
E o irmãozinho mais pequeno sorve fortemente.
— Agora eu. — E repete a cena, completamente indiferente aos meus olhares brincalhões. Leva o pote já meio vazio à boca, e não bebe.
— Agora tu.
— Agora eu.
— Agora tu.
— Agora eu.
E depois de três, quatro, cinco, seis goles, o menorzinho de cabelo encaracolado, barrigudo, com a camisa de fora, esgota o leite.

Esses "agora tu", "agora eu", encheram-me os olhos de água.

Sobre um fundo de risos ciganos, comecei a subir a encosta do Alhacaba, cheia de ciganinhos. Ao meio da encosta, voltei a cabeça. Tive vontade de descer e guardar o vasilhame. Aquilo era um tesouro. Mas nem sequer pude tentá-lo. Entre burricos carregados de bilhas, corriam dez garotos atrás do vasilhame de lata, dando pontapés. A lata saltava entre os pés negros, descalços, sujos, de cor cinzento-pó-de-estrada. Também o generoso brincava entre eles, com a naturalidade de quem não fez nada de extraordinário, ou — melhor — com a naturalidade de quem está habituado a fazer coisas extraordinárias.

É assim, pais, que temos de nos amar.

O amor que Cristo nos pregou exige estas delicadezas.

Se o amor a Deus não nos leva a fecharmos os lábios para que o filho, o irmão, o amigo bebam todo o leite do pote, não é amor a Deus.

Abençoados ciganos! Que exemplo não destes aos que andam a escrever sobre a caridade.

Que bom é Deus, que deixou escritas no coração dos homens as próprias palavras de Cristo na última Ceia: *Amai-vos uns aos outros; nisto conhecerão todos que sois meus discípulos.*

Que bom é Deus, que deixou escrito no coração dos ciganos o próprio grito de João, em Patmos: *Amai-vos com obras e de verdade.*

Que bom é Deus, que deixou escritas no coração dos homens as próprias palavras que lemos no Evangelho sobre tudo o que havemos de fazer na terra: *Amarás o Senhor teu Deus com todo o teu coração, com toda a tua mente, com toda a tua alma, e com todas as tuas forças, e o próximo como a ti mesmo.*

Pensais que o menino que fica com a nata nos lábios para que os mais pequenos sejam felizes com o seu pote de leite branco, tem necessidade de que lhe recordem que não deve injuriar, nem caluniar, nem fazer mal ao seu irmão?

Se pretendeis viver a caridade sem carinho humano, ficai com ela, que eu fico com o amor dos ciganinhos.

O amor, o carinho dos pais e dos filhos não arranja tempo para calcular, medir, comparar quem é que dá mais.

É necessário esquecermo-nos de nós mesmos e darmo-nos de todo, como o garoto cigano que não ia além dos dez anos, que usava umas calças largas demais e que trazia muito pó da estrada nos seus pés descalços; mas que tinha um coração grande, grande demais para se lembrar de si e esquecer-se dos outros.

LARES LUMINOSOS E ALEGRES

Luz e alegria

"Os vossos lares têm de ser luminosos e alegres" (Mons. Josemaria Escrivá).

Os vossos lares serão luminosos se forem orientadores da vida dos vossos filhos.

Um lar luminoso é um pedaço de terra arrancado ao Céu, em que se aprendem as grandes diretrizes sobre Deus, a vida, a morte, o homem, o mundo e o amor. Os êxitos dos pais como educadores dependem não tanto do emprego de métodos como dos fins clara e firmemente estabelecidos. Os filhos vão aprendendo sem palavras, pela vida de Cristo nos pais. Não é em vão que o Senhor é a luz. E, com Jesus, o lar é necessariamente alegre. Onde há luz não há angústia, porque se vive o sentido da existência.

Esta luminosidade e esta alegria são consequências do amor de que falamos nas páginas anteriores. Nem sequer é necessário que procureis, como doidos, a alegria. Não se trata de criar um ambiente fictício à nossa volta. Se nem sequer se trata de sorrir! Tereis alegria e sorrisos se viverdes o amor.

O ciganinho não podia estar triste com o seu pote vazio.

O ciganinho era feliz, não pelo que tinha — pois não tinha nada —, nem pelo que deixava de ter — um miserável pote de leite —, mas pelo que era. A felicidade, trazemo-la dentro de nós. É um grande dom, que não se compra nem com todo o ouro negro da terra. É um dom do Espírito Santo.

Tu pões no meu coração uma alegria maior do que a do tempo de uma copiosa colheita de trigo, vinho e azeite (Sl 4, 8).

O Senhor diz-nos isto: *De novo vos verei, e o vosso coração se alegrará, e ninguém será capaz de vos tirar a vossa alegria* (Jo 16, 22).

Não te convences de que quem está com Deus há de estar necessariamente alegre?

A alegria e o bom humor são coisas que trazemos dentro, coisas que nos fazem sentir felizes, mesmo que vivamos debaixo das pontes.

Se o vosso lar não é alegre, há qualquer coisa que vai mal no vosso modo de viver o cristianismo. Há qualquer coisa que não compreendestes.

Até os dias mais carregados e cheios de pesar trazem, todos eles, um bocadinho de alegria... aos filhos de Deus. Às vezes, trazem-lhes uma alegria transbordante; outras, a energia suficiente para fazerem face às pequenas contrariedades da vida de família; sempre, o vigor e o ímpeto necessários para vencer perigos. dores e tristezas.

O milagre dos homens de Deus "consiste em saber fazer da prosa pequena de cada dia decassílabos, verso heroico" (Mons. Escrivá).

Mas convém fomentar a alegria, que é uma consequência de se viver bem a filiação divina.

É preciso arrancar do lar as ervas daninhas da tristeza. Arranca-as com toda a tua força. "Não compreendes que a tristeza é o pior e o mais terrível de todos os espíritos para os servos de Deus? Não há espírito que mais corrompa o homem". Volto a insistir com o Pastor de Hermas: "Arranca de ti a tristeza e não atribules o Espírito Santo que mora em ti". "Purifica-te desta tristeza má e viverás para Deus".

Expulsa também, com todas as tuas forças, a inveja, que é causa da tristeza, e entrega-te à conquista da alegria.

Explica aos teus filhos que a frase vingadora: "Ai dos que riem" não se dirige aos alegres, mas ao riso estrepitoso dos néscios, dos maus, dos mordazes, ao riso de um coração mau.

Faz com que os teus sejam alegres e divertidos. Contribui para a alegria dos teus filhos. "Sob o império do aborrecimento, não se deseja nada de grande", diz-nos Chevrot; e os grandes desejos são os primeiros passos na santidade nas grandes obras que nos cabe realizar. No período em que a vossa filha se torna mulher, e o vosso filho adolescente, puxai pela imaginação para que não se aborreçam. O aborrecimento é consequência do ócio, o pior inimigo do homem nessas etapas da vida.

Os teus filhos precisam — repito-te pela centésima vez — de um lar alegre, divertido e cheio de entusiasmo.

O meu pai — dizia-me um rapazinho — está sempre contente, mas a minha mãe bate-me por tudo e por nada.

É preciso que vos vejam — a ti e a ti — de bom humor. Os filhos precisam de uma atmosfera de paz, de sossego, de equilíbrio, de serenidade, um ambiente em que, subsistindo as preocupações — porque não poderás livrar-te delas — não haja complicações.

Existem pais trágicos, pais insuportáveis, que nunca conheceram a alegria e nunca poderão introduzi-la no lar. Aviso-vos, pais, de que os homens de mau gênio, os neurastênicos, os amargurados, tiveram quase sempre pais tristes.

Há pais insuportáveis, para quem tudo é motivo de zanga. O fato de o filho de cinco anos quebrar um copo converte-se subjetivamente num fracasso do pai "pedagogo".

Sois irascíveis, nada cristãos. Tornais impossível o convívio. Garanto-vos que, se continuardes assim, deformareis os vossos filhos.

Devo dizer-vos que a formação da personalidade dos filhos depende, em grande parte, do modo como resolveis as pequenas, inesperadas e inúmeras vicissitudes da vida familiar.

Entornar um copo de água não é motivo para mandar o menino para o quarto. Sois totalmente intransigentes. Além disso, pretendeis que o pequeno se domine e deixe de chorar. Em que ficamos? Quem deve dar exemplo de domínio, pais insuportáveis? *Não exaspereis os vossos filhos* (Ef 6, 4).

Fomentai o clima de alegria. Celebrai as grandes festas da Igreja e da família como bons filhos de Deus.

É necessário festejar os dias de festa, mesmo que na semana anterior tenhamos de passar sem sopa.

Não é preciso gastar muito para dar a impressão de festa familiar. Para os mais pequenos, tudo consiste em que se mude a toalha de cores e se sirva o prato favorito.

Mas que notem, e bem cedo, que nas festas dos pais devem ter a alegria de fazer alguma coisa por vós. É novamente uma questão de espírito de serviço, que nos leva diretamente à alegria.

Não poupeis à vossa menina de cinco ou seis anos a experiência de preparar o café da manhã da mãe. Que comecem cedo a colaborar, tanto elas como eles, nas grandes e nas pequenas necessidades do lar.

Perguntou-me uma mãe: "E a mim, que não me custa amar os meus filhos, também Deus me premiará esse amor espontâneo pelos meus?"

Por que duvidas, mulher? Porventura pensas que a Santíssima Virgem se sacrificava ao acariciar os olhos do seu Deus-Menino?

Seria monstruoso que uma mãe cristã tivesse de oferecer a Deus a "mortificação" de estar com os seus filhos.

É espontâneo o amor que sentes pelo marido? Porventura julgas que Maria e José não se amavam santamente? Alguém te ensinou que Deus fez mal as coisas? Só vedes mérito naquilo que custa. Por esse falso caminho, chegareis a pensar, complicadamente, na dor que causou aos discípulos a alegria de se encontrarem com Cristo ressuscitado. Não tireis as coisas do seu lugar.

Quem vos disse que é necessário comprar o Céu unicamente à custa das tristezas da terra? Será possível vivermos tristes, mesmo que haja dor, sabendo que temos no Céu um Deus que nos quer infinitamente?

Ama e alegra-te, quando Deus te der amor e alegria. Ama e alegra-te, quando te pedir que faças as coisas apesar do desgosto que te causam.

Tudo deve ter um sinal positivo no vosso lar. Não vos proponhais como meta suportar-vos uns aos outros. Não encontrareis alegria. Proponde-vos recomeçar de novo o caminho do amor, já que o matrimônio é o caminho da santidade por meio do amor humano.

Valores humanos do lar

Nas páginas anteriores falei-te da necessidade de os nossos lares serem vivos. Lares onde Cristo seja a personagem central, a quem pais e filhos obedecem. Se nos nossos lares não se vive a fé, a esperança e a caridade, como podem chamar-se cristãos?

Quero agora prevenir possíveis interpretações erradas.

O lar — entenda-se bem — tem de ser sempre lar, e os pais não devem conceber sequer a pretensão de transformá-lo em convento.

Estão em grande erro os que pretendem destruir todos os valores do mundo. Nós os cristãos não pretendemos, não podemos pretender substituir a música clássica ou a música moderna de um lar por cânticos espirituais.

Seria igualmente errôneo substituir absolutamente todas as revistas ilustradas da família por revistas missionárias, ou todas as recordações familiares por quadros da "Ceia", ou o vinho por água benta. Uma casa cristã nunca deve parecer-se com um salão de arte religiosa.

Por muito cristão que queiras ser, nunca deves trocar a leitura do jornal pela leitura de um livro piedoso. Lê o jornal diariamente e faz o teu tempo de leitura espiritual, que bem precisas dele.

"Não se trata, de maneira nenhuma, de substituir a família por uma comunidade religiosa, nem o estudo por exercícios de piedade" (Thils).

Uma mãe que pretenda ser cristã nem por isso deve deixar de vestir-se segundo a moda. "A moda deve ser seguida em tudo o que tem de inteligente e de prático; deve ser posta de lado naquilo que tem de caprichoso, de volúvel, de extravagante, de errado" (Thils).

Ajuda as meninas a procurarem a elegância, o bom gosto e a verdadeira moda na simplicidade e na seriedade.

"Ensinemo-las nós" — diz uma mãe que sabe muito de pedagogia, Maria Luísa Guarnero —, "sobretudo com o nosso exemplo, a saber escolher o penteado, o corte dos vestidos a cor das fazendas que combinem melhor com a originalidade do seu tipo físico, guardando-se muito de cair no descuido, no mau gosto".

O que posso acrescentar é que uma mãe tem o dever de cuidar da sua pessoa e de se mostrar atrativa ao seu marido, como tinha o direito de fazê-lo quando eram noivos.

Ou julgas que és mais cristã por pareceres uma matrona?

Se não queres que as tuas filhas sigam a moda, que ao menos engraxem os sapatos. Não digo isto para fazer uma frase bonita, pois sei de um internato — e não precisamente de moças — onde é considerado "vaidade" engraxar os sapatos. Estamos quase no fim do século XX. Também será vaidade escovar os dentes?

"É um médico excelente" — disseram-me certa ocasião. "Nunca vai ao cinema e, se vai, assiste apenas a filmes religiosos". Eu não compreendi o elogio, mas parece que aquele cavalheiro não sabia muito bem como é que um homem se deve comportar no mundo.

Um lar cristão tem de ser sempre lar, assim como o homem santo tem de ser sempre homem. Se o homem, para ser santo, não deve deixar de ser homem, o lar, para ser cristão, não deve de modo nenhum destruir a sua autêntica consistência humana, a sua natureza peculiar.

Cristianizar os lares do nosso mundo pressupõe dar vida a essas realidades terrenas, inspirar, orientar, transfigurar o lar internamente, sem violar a sua natureza.

Repara que tudo o que é terreno e humano tem de permanecer autenticamente terreno e humano. A única coisa que Cristo e a Igreja nos pedem é que tudo seja aperfeiçoado e ordenado pela graça. Tudo o que é profano — incluindo o lar — tem de ser informado pelo Espírito de Cristo.

Porém, esta "informação" nunca poderá significar uma transformação do que é profano em religioso ou cultural.

Se gostas de música, não deixarás de concordar comigo em que é muito agradável o som de um bom piano de cauda; e com certeza seremos da mesma opinião quanto ao som de um bom violão. Mas... como é desagradável o som de um piano que se assemelhe ao do violão.

Nas festas que organizes em tua casa, não vistas os rapazes de meninas. Não permitas que o façam nas escolas. É verdade que as crianças gostam de disfarces, mas não os mudes de sexo nem de estado. Nunca compreendi por que é que vestem os rapazes de frades. Ser sacerdote ou frade é uma coisa muito séria.

O dever de incutir espírito cristão na família não leva a imitar o espírito dos religiosos — não porque seja mau, mas porque é inadequado; trata-se de viver como simples fiéis. A santidade é essencialmente uma, mas, se falamos de espiritualidades diversas, é porque há múltiplas facetas nesse processo de conversão. Tu tens uma vocação peculiar.

O lar cristão tem de ser, portanto, como outro lar qualquer — porque os seus componentes são leigos, não clérigos —, mas com um novo modo de ser, o modo de ser cristão.

Por que não compreendeis de uma vez para sempre o que Cristo quer fazer com o mundo das coisas profanas?

Por acaso também tu és dos que acham que o mundo e o lar são maus?

São realidades bonitas e boas. Deus nunca o negou. Podes verificar na Sagrada Escritura como o Senhor viu o fruto da sua Criação, nos seis dias, e concluiu que tudo aquilo era, não bom, mas muitíssimo bom: *et erant valde bona* (Gn 1, 31).

O lar deve ser informado pelo espírito secular, não pelo espírito religioso.

Se se pretende lançar revistas cristãs para esses lares, não se deve fazê-lo seguindo os critérios de uma revista religiosa, mas nos moldes das revistas sãs do mundo, informadas — como já repetimos tantas vezes — pelo espírito cristão.

É frequente ouvirem-se frases como esta: "Mas não é a Igreja de Cristo que tem a missão de informar tudo?" É evidente que sim. Mas quem foi que disse que a Igreja é formada exclusivamente por sacerdotes, pelos religiosos e pelas freiras?

Vós também formais a Igreja. "Os simples fiéis não pertencem apenas à Igreja, constituem-na... São a Igreja" (Pio XII).

É a vós que compete integrar diretamente em Cristo todas as realidades terrenas.

Um lar será cristão quando o pai, a mãe e os filhos viverem com Cristo; e será tanto mais cristão quanto maiores forem os desejos de perfeição dos seus membros. "Uma família será cristã quando nela o amor for caminho para o Amor... Na medida em que for escola de perfeição" (García Hoz).

A principal bondade de uma família nasce da sua orientação para o último fim: dar glória a Cristo e servir o homem. Esse é o seu destino providencial, através do qual *Deus será tudo em todos.*

Glorificais e louvais o Senhor — como família — quando vos reunis na igreja, unidos ao sacrifício de Cristo; ou quando vos reunis para rezar juntos à Mãe do Céu; ou quando tu, pai, como chefe de família, lês a consagração do teu lar à Sagrada Família, invocando o seu auxílio.

Servis o homem quando vos ajudais mutuamente a viver — o pai, a mãe e os filhos — a vocação autêntica de filhos de Deus.

A família há de fazer-vos indubitavelmente bem a todos quando vos ajudar a alcançar o vosso último fim.

Este último fim, porém, nunca poderá substituir o fim imediato; aperfeiçoá-lo-á, orientando-o para um termo absoluto e superior. Diz Gustave Thils: "A bem-aventurança não substitui a diversão sadia do domingo. Contudo, lembra aos mortais que a diversão só é autenticamente sã e 'humana' quando, em vez de se opor ao fim último do homem, se harmoniza perfeitamente com ele".

Simplicidade

Abaixo tudo o que é inútil! Estão a mais as cortininhas nos quartos das crianças. Sobejam muitos quadros. As crianças precisam mais de janelas do que de quadros.

É assim que deve ser o teu lar: alegre, simples, limpo, ordenado, acolhedor, com ar de família, com lembranças daqueles que vos precederam com o vosso mesmo nome, com pormenores que traduzam o amor de pessoas que se amam, com o estilo e cunho pessoal que vos caracteriza; onde todos procuram fazer a vida muito agradável aos outros e se esforçam seriamente por consegui-lo.

Não deve existir nada de feio, nada de sujo, nada de desagradável, nada de torcido, frio, mudo ou desértico. Nada que se pareça com uma pensão. O bom gosto não é incompatível com a escassez de meios.

A sujidade, o pó e a desordem são uma consequência da miséria — não da pobreza, que é limpa — e serão sempre um sinal de desleixo; de desleixo físico pelo menos e, às vezes, de desleixo moral.

Se o teu lar é um mau quartel, nada haverá nele que atraia e prenda os teus filhos.

Cuida da tua casa de forma que os teus filhos sintam desejos de estar nela; a luz, o calor, o bem-estar e a paz imprescindíveis para que todos se encontrem a seu gosto.

O teu lar deve ser aberto. Aberto aos amigos dos pais e aberto aos amigos dos filhos.

"Não são verdadeiros lares aquelas casas demasiado fechadas, enclausuradas e quase inacessíveis, em que não penetram a luz e o calor de fora e que não os irradiam para o exterior, semelhantes a prisões e a ermos solitários" (Pio XII).

O teu lar tem de ser simples, sem luxos nem ostentações.

Tu, mulher, sempre atraída pelo eternamente belo, hás de saber tratar com carinho das coisas pequenas do lar. Tens obrigação de fazê-lo. Deves cuidar dos pormenores. Põe a imaginação a trabalhar, mulher, e farás maravilhas de quatro trapos velhos. Tudo limpo, em ordem, com gosto, com decoro.

Não interessa para nada que a tua casa seja grande ou pequena, alta ou baixa, rica ou paupérrima. É o espírito que tendes dentro o que reluz por fora.

Este ar de família cristã pode existir em lares ricos e em aldeias onde as casas feitas de adobes se confundem com a terra seca e parda; porque a alegria, a simplicidade, a ordem, as recordações, os pormenores, o ar de família e o carinho de uns pelos outros não se compram com ouro, mas com o espírito de Cristo.

Não interessa que o teu lar seja como o de Betânia, de pessoas ricas — Lázaro, Marta e Maria eram ricos —, ou como o de Nazaré, de pessoas pobres — José e Maria eram pobres.

Cristo sentia-se bem em casa de Pedro, onde curou a mãe da mulher dele, e o lar era pobre.

O Senhor sente-se satisfeito em casa de Jairo, onde restituiu a vida à filha dele, e o lar era rico.

Tenho encontrado muitos pobres que hão de entrar no Reino dos Céus graças ao seu modo de viver a pobreza; e conheço muitos ricos que hão de entrar pela porta do Grande Reino porque sabem viver desprendidos da sua riqueza, com pobreza de espírito.

Mas também conheço pobres e ricos que, se continuarem do mesmo modo, não entrarão no Reino da Paz, porque vivem — se os vísseis! — luxuriosamente agarrados ao seu sórdido dinheiro ou ao seu sórdido e remendado gibão.

Eu quereria — nós quereríamos tantas coisas — eu quereria que todos vivêssemos desprendidos, livres de tudo aquilo que com o tempo se converte em barro e em lodo.

Não deixeis que o vosso coração se afeiçoe a coisa nenhuma.

Não ponhais o coração senão em Deus.

O coração foi feito para amar coisas grandes. Não se pode amar o dinheiro, nem a comodidade, nem o poder, nem a carne, nem o ventre — para muitos, o ventre converte-se também em Deus.

Pais, adorais bezerros de ouro, fabricados com o vosso ouro e a vossa prata. Ou adorais bezerros fabricados com pedaços de latão. É esse o vosso espírito de pobreza. O falso espírito. Este é o bezerro que vos há de impedir de entrar no Reino!

Por contágio, os teus filhos hão de aprender a julgar, a apreciar, a pensar e a sentir como vós julgais, apreciais, pensais e sentis.

Se o vosso lar não é simples, se procurais deslumbrar as outras famílias desse ambiente malsão e doentio, os vossos filhos aprenderão a conceder o primeiro lugar ao dinheiro e acabarão por convencer-se de que, neste mundo, diga-se o que se disser, o que realmente vale é o prazer, a fortuna e o aplauso do próximo.

Se quereis incutir neles esse infame espírito de riqueza, reparai nas consequências. "Não tenhais ilusões, meus irmãos. Os que corrompem uma família não terão parte no Reino de Deus" (Santo Inácio de Antioquia).

AS ESCOLAS

Um complemento do lar

Já tendes o necessário para fazerdes o que Deus quer: tendes muitos filhos e um lar. Constituís uma família cristã. "Conservai-a e defendei-a... Onde já se perdeu..., reedificai-a. Não podeis dar aos vossos filhos e à juventude nada mais precioso do que a vida e a perfeição da família" (Pio XII).

Ao trabalho do lar é necessário juntar o trabalho que se realiza no colégio, e na universidade, num centro de ensino qualquer.

Não esqueçais, porém, que a formação da escola não passa de um complemento. Não vos agarreis ao fato de os vossos filhos frequentarem um colégio para vos desinteressardes da formação deles. A educação do colégio, na melhor das hipóteses, é "necessariamente imperfeita" (Pio XII).

Sois sempre vós, pais, os principais educadores; não percais de vista este princípio. Sereis sempre vós os principais responsáveis pela formação dos vossos filhos.

Contudo, a escola, os professores, os mestres participam amplamente dessa grande responsabilidade na educação dos homens cristãos.

"A educação colegial, particularmente nos colégios" — é Pio XII quem fala —, "embora tenha dado bons resultados no passado e no presente, tem sido objeto de severas críticas nos últimos tempos por parte de alguns mestres das ciências pedagógicas que a consideram detestável e absolutamente inepta. As críticas, porém, não constituem motivo suficiente de condenação geral da educação colegial em si mesma".

Todos temos de nos preocupar — por nos dizer respeito — de constituir colégios-lares. Colégios que representem um prolongamento do lar. Colégios que, pelo fato de o serem, não se pareçam com uma prisão, nem com uma casa de correção, nem com um quartel, nem com um estabelecimento comercial.

A casa de correção

Por que se fazem passar os rapazes e as moças pela "casa de correção" antes de entrarem na vida?

Que fizeram os rapazes para os obrigarem a estudar entre grades, pó e móveis sujos?

Um colégio-lar não admite nada sujo. Os colégios e as escolas pobres, muito pobres, podem estar limpos, bem limpos, como os lares.

Podemos ter colégios muito pobres e muito limpos, como também podemos construir grandes e suntuosos edifícios com aspecto de prisão por fora e por dentro.

Professores, garanto-vos que se pode conseguir que as carteiras dos rapazes estejam limpas, se vos empenhardes nisso. Tudo depende do vosso próprio asseio e da importância que derdes à limpeza. Se não tiverdes conseguido que os rapazes sintam as coisas como próprias, o vosso centro de ensino nunca se assemelhará a um lar.

E como podem sentir as coisas do colégio como próprias, se tudo respira desleixo e sujidade? Em todos os lares, por mais simples que sejam, substituem-se as lâmpadas queimadas e os vidros partidos. Por que não se há de fazer o mesmo no colégio? Não podeis considerar virtude o desleixo.

É verdade que comecei o tema pela fachada, mas não podeis desculpar-vos dizendo que estas coisas não têm importância, porque realmente a têm. É uma falta de ordem, de decoro, de bom gosto. Quando é que uma escola destas poderá ser a continuação do lar?

Professores, esforçai-vos por cultivar as virtudes morais nos alunos. Ensinai-os a retificá-las, a elevá-las, com a ajuda da graça, a um plano sobrenatural. Não dais, por exemplo, importância à ordem? Tende em conta que sem ordem não há virtude.

Há anos, começastes com muito entusiasmo; por que vos deixastes envelhecer? Compreendei de uma vez para sempre que é necessário renovar-se. Deixastes que se metesse a maldita rotina em todos os métodos e processos que usais. A rotina destrói qualquer centro de formação, por melhor que tenha sido; arruína tudo no homem. Volto a falar de coisas pouco importantes. É possível que continuemos a pôr em fila as crianças para lhes perguntar a lição, para que o segundo da turma "continue" aquilo que o primeiro deixou de concluir? Respondeis-me que tendes necessidade de colocar um número no quadriculado da caderneta, e que a turma tem setenta alunos. Quem vos impõe essa necessidade? Não será a rotina que vos impede de parar e pensar se será esse o melhor processo?

Essa "nota", esse número, nada diz aos pais sobre os estudos dos filhos, mesmo que os pais estejam à espera dela todos os bimestres. Creio que não passa de um engano. Esse número — o 10, o 8 ou o 4 — é consequência da rotina... antipedagógica. Não será conveniente estudar outros procedimentos de informar os pais? Não estais convencidos de que é necessário renovar os métodos?

O fato de os pais estarem todos os bimestres à espera do "B" em matemática não quer dizer nada. Os pais, geralmente, costumam saber pouco de pedagogia. Para os pais, o grande triunfo, que contarão cheios de vaidade à família e aos amigos, consiste, entre outras coisas, em que o filho de onze anos recém-feitos, passe para a sétima série. Mas nem por isso lhes daremos razão. A vós digo-vos agora, pais orgulhosos: nunca vos passou pela cabeça perguntar ao professor do rapaz se isso é um triunfo ou um crime? Interessa-me e deve interessar-vos saber a sua idade mental, para vos dar os parabéns ou para vos aconselhar a fazer o menino repetir de ano, mesmo que tenha "passado" no exame.

Educadores, não esqueçais que é necessário formar os filhos e os pais.

Todos aqueles que são professores têm de ser mais novos do que na realidade são. Precisamos de juventude de alma e de um grande desejo de estar com os pequenos, que não admitem que o mestre se "chateie" por estar com eles.

O rapaz quer ver no professor um amigo, não um "bicho-papão" e menos ainda um carcereiro.

É indubitavelmente mais fácil pôr má cara para que os rapazes não façam barulho na aula. É mais difícil ser amigo na aula e fora dela, mas é mais eficaz.

É mais fácil castigar lançando mão do regulamento para aplicar a sanção correspondente, do que castigar pessoalmente, sem ira, utilizando os argumentos da razão e do afeto...; isto, porém, é mais desejável, porque se assemelha mais ao que se faz num lar do que ao que se pratica nas prisões. "O império de um regulamento rígido, que não distingue entre indivíduo e indivíduo, apresenta os seus inconvenientes" (Pio XII). "Por poucos desvios que haja, será inevitável ter alunos pouco adiantados no sentido de responsabilidade pessoal, arrastados quase inconscientemente pelo puro mecanismo dos atos para um puro formalismo, tanto no estudo como na disciplina e na oração. A uniformidade estrita tende a abafar o impulso pessoal; a urgência inflexível em cumprir o regulamento fomenta às vezes a hipocrisia ou impõe também um nível espiritual que para uns será baixo demais e para outros será, pelo contrário, inacessível; a severidade excessiva acaba por transformar os caracteres fortes em rebeldes e os caracteres tímidos em introvertidos e pusilânimes" (Pio XII).

Eu vos compreendo muito bem quando vos ouço dizer que estais fartos de crianças. Quando os professores começam a sentir dores de cabeça com a algazarra dos pequenos no intervalo das aulas, o melhor que podem fazer é tomar comprimidos contra a dor de cabeça e mudar de ofício.

Se vos incomoda o barulho das crianças, em vez de mandá-las calar, deveis calar-vos vós e ir-vos embora.

É a rotina que leva o professor a dar uma aula sem a preparar "porque já a sabe". O que ele não sabe, contudo, é que uma aula que não foi preparada de pouco serve.

Não penseis que dar uma aula é repetir aquilo que os alunos podem ler no livro.

Como despertais o interesse dos alunos no começo da aula? Reservai as aulas sem diálogo para as conferências da universidade. Os rapazes precisam intervir. Os alunos precisam compreender o que mais tarde têm de estudar.

Em rapaz, sempre perguntei a mim mesmo para que tinham comprado aqueles aparelhos de física que ficavam cheios de pó nas prateleiras. Foi sem dúvida alguém cheio de entusiasmo que os colocou lá. Mas depois, com o tempo, o entusiasmo encheu-se de pó, devido à maldita rotina do costume.

É também pelos maus hábitos adquiridos que se prefere continuar com os antigos métodos de disciplina. Eu, por mim, prefiro um colégio-lar — muitos pais preferem-no como eu —, onde as crianças se sintam bem, num ambiente de amizade e confiança.

Quereis mais rotina? Há muita. Por exemplo os castigos coletivos.

O castigo coletivo é o que pode haver de mais semelhante a um fuzilamento em massa. É sempre uma injustiça. Uma injustiça utilizada como meio de defesa pelo professor medíocre.

"As crianças nunca são iguais umas às outras, nem quanto à inteligência, nem quanto ao caráter, nem quanto às outras qualidades espirituais. Esta desigualdade é uma lei da vida. Eis por que devem ser considerados individualmente, quer para lhes indicar o modo de vida, quer para as corrigir e para as julgar" (Pio XII).

"A vigilância e o castigo devem ser pessoais, duplamente pessoais. Devem brotar de uma pessoa, não de um sistema; devem ser explicados com um certo tom de voz e com uma determinada intenção, e não inscritos num livro de registro; devem, do mesmo modo, destinar-se a uma pessoa, e não a um aluno anônimo ou "padrão". Devem ter em vista as tendências e os gostos das crianças, e não cifrar-se com indiferença aritmética em 'horas' de reclusão ou 'dias' de prisão" (Le Gall).

Um professor que, para manter o silêncio na aula, precise lançar mão do castigo, aumentar ou rebaixar a nota, ameaçar com o punho, nem está convencido do que explica, nem tem interesse em ensiná-lo, nem conhece a mentalidade dos alunos. Pode ser, talvez, um excelente conferencista para adultos; não será, porém, um bom professor.

Um mestre que não saiba reconhecer os seus erros e que, para não perder o prestígio, chegue a dizer, cheio de presunção, "que o professor nunca se engana", além de não dizer a verdade — porque o professor erra como todos os mortais —, é um insensato que nunca formará convenientemente os seus alunos.

Não devem existir castigos coletivos, nem castigos pessoais extravagantes.

Embora pareça mentira, ainda existem professores que procuram corrigir os alunos mandando-os copiar 700 vezes a frase: "O menino bem-educado é a honra e o penhor da sociedade".

Pensais que as pobres crianças sabem o que é "penhor"? E vós sabeis? Mesmo que o saibais, podeis ter a certeza de que a única coisa que conseguis é que estraguem a caligrafia ao escrever às pressas "penhor" setecentas vezes.

Não será possível inventar outros castigos mais educativos?

Todos os castigos impessoais, excessivos, rigorosos criam um mau ambiente no estabelecimento de ensino. Juntai a essa disciplina meticulosa as filas, o anonimato, a falta de preocupação pessoal pelo aluno, a humilhação pública frequente, e tereis criado um clima de prisão, em que os alunos recorrerão com frequência à mentira e à hipocrisia para escaparem à dor e à humilhação.

O negócio

A educação em série ou em massa só convence aqueles que julgam que a educação se pode transformar num negócio.

Tive oportunidade de verificá-lo. Tanto o diretor como o pai se admiravam do que acontecia.

— Como quer o senhor que conheça os seus três filhos, se temos centenas e centenas deles no colégio?

— Mas se são trigêmeos! — dizia o pai, zangado —; não os conhece por quê?

"Quando os pais dos alunos me perguntam pelos filhos" — contava-me um mau diretor —, "eu respondo-lhes sempre o mesmo: *precisam estudar um pouco mais*. Como quer que eu os conheça?".

Andaste mal, amigo. As necessidades atuais obrigam a instruir milhares? Muito bem. Talvez vós, professores, não tenhais a culpa, mas continuaremos a formar as crianças em série. Em série pode-se ensinar a lista dos presidentes da república, os rios e os cabos do país, e a lista das fanerogâmicas. Mas educar, formar? Isso não.

"A instrução incide unicamente sobre a inteligência; a educação preocupa-se com a vontade, com a sensibilidade, com a moralidade, com o gosto, com as aspirações superiores do aluno; não perde de vista o seu ser individual nem o seu ser social; propõe-se desenvolver harmonicamente todas as virtudes que Deus concedeu à criança" (Kieffer).

O colégio-lar

Um colégio-lar é, por definição, o contrário de um colégio-negócio, isto é, o que há de mais oposto àquilo que Kieffer chama "uma casa de lucro onde, com a menor despesa possível, se instrui o maior número possível de alunos".

"É necessário que cada um se sinta objeto de especial atenção por parte do educador, e que ninguém tenha a impressão de ser confundido e esquecido entre a massa, desatendido nas suas necessidades peculiares, nas suas exigências e nas suas debilidades, como se somente a sua presença física contasse".

Um estabelecimento de educação formará bem os seus alunos na medida em que se parecer a um lar cristão, onde o aluno não seja um número, mas um rapaz que é tomado a sério, que é conhecido pelo nome, de quem se sabe a idade mental, as virtudes, os caprichos, a forma de estudar, os gostos, o caráter; um rapaz cujas possibilidades e dificuldades para o estudo se conhecem, e se sabe, claro, quem são os seus pais e qual é o ambiente do seu lar.

Precisamos de colégios-lares onde os "testes psicológicos" não sejam utilizados para conhecer as preferências dos alunos, mas para confirmar o conhecimento direto que deles se tem.

"Do cuidado que se tiver com cada um dos alunos, nascerá neles o estímulo suficiente para afirmarem e desenvolverem o seu temperamento pessoal, o espírito de iniciativa, o sentido de responsabilidade para com os superiores e condiscípulos, exatamente como se vivessem no seio de uma família numerosa e bem orientada" (Pio XII).

Num colégio-lar, como no seio de uma boa família, deve-se fomentar a responsabilidade pessoal e a responsabilidade coletiva, ambas de igual importância.

Precisamos de que a nossa juventude aprenda a trabalhar em equipe.

Fomentemos a emulação pessoal; um amor-próprio são é eficaz sob muitos aspectos. Mas deve ser banida a emulação-combate.

A emulação-combate consiste em incitar uns ferindo os outros; ora, isto não cheira a cristão. Não se deve introduzir nas aulas uma atmosfera de luta livre.

"É desolador o ambiente de certas aulas enervadas continuamente por classificações e mudanças de lugar, que colocam na fila da frente os vencedores e os réprobos na última. Tem-se chegado a ver — numa aula, por outro lado, excelente — um quadro de desonra. Esta emulação-combate, que não eleva os alunos a não ser por cima do cadáver dos outros, é para todos uma heresia.

"O professor inteligente sabe manifestar a cada um as suas faltas e os seus progressos sem os comparar com as faltas e os progressos alheios. Que necessidade há de se classificar os exercícios de redação?" (Le Gall).

Tudo isto exige um grande esforço — quem o duvida? —, mas os professores de um estabelecimento de ensino não têm por missão simplesmente explicar uma certa matéria. O conjunto do professorado de um estabelecimento de ensino tem de estar tão de acordo sobre o nível a alcançar pelos alunos como os pais no lar.

Conheço muitos e muito bons centros de formação, e em todos eles encontrei sempre a mesma virtude flutuando no ambiente: um grande entusiasmo pela formação dos alunos. O entusiasmo humano que dissolve a rotina.

Se quereis que haja este ambiente de lar no vosso colégio — garanto-vos que se pode consegui-lo —, precisais vivê-lo vós primeiro. Tudo depende da meta que vos propuserdes alcançar. Tudo depende desse punhado de ideias que tendes sobre a educação dos rapazes.

O que pode parecer mentira converte-se em realidade: por exemplo, impor o *castigo* de não ir ao colégio. Mas consegue-se uma coisa muito mais importante: um clima de sinceridade e de lealdade, em que se vive o respeito mútuo e uma grande confiança entre professores e alunos.

Se se consegue este ambiente e esta atmosfera de lar cristão, sobram as filas, os castigos coletivos, os delatores, os postos, a bofetada e os quadros de honra.

ANTES DE FALAR AOS FILHOS

Exemplo e contágio

> A educação dos filhos começa vinte anos antes do nascimento dos pais.

Os pais que se sentem pedagogos costumam falar demasiado. Setenta e cinco por cento dos conselhos que dão estão sobrando. Em alguns casos especiais, a porcentagem alcança o número astronômico de noventa e nove por cento.

Quando um rapaz soube o que estava escrevendo, entrou no meu gabinete para me dizer: — Por que não lhes diz que estamos fartos das suas "belas experiências"?

É fora de dúvida que este rapaz tinha um pai "pedagogo" que falava excessivamente.

Não reparais que falais demasiado? Como se a educação tivesse de entrar aos gritos na alma... A semente, que a seu tempo dará fruto, não faz barulho ao cair na terra.

Eis algumas das coisas que não deves dizer, ainda que as tenhas repetido muitas centenas de vezes ao dia; precisamente por isso.

Frase que deves calar, mãe: "Ai, este rapaz tem o mesmo caráter endiabrado do pai".

Frase que deves calar, pai: "Esta menina tem o mesmo caráter endiabrado da mãe".

Frases que deveis omitir, pais: "põe o casaco", "tira o casaco", "tem cuidado com os carros", "fica quieto", "mexe-te", "come devagar", "come depressa", "já te disse noventa e nove vezes", "quando fores mais velho", "diz a esta senhora quantos anos tens", "conta a esta senhora o que é que faz o cachorrinho".

— Aqui lhe trago este filho — dizia uma senhora na presença do marido —, para que seja mais do que o pai.

Isto esgota qualquer pessoa. Autêntico: a mamãe admoesta continuamente o menino: "Não arrastes a cadeira, que incomodas o vovozinho"; "vai brincar no teu quarto, que incomodas o vovozinho"; "deixa isso, que incomodas o vovozinho". Alguém que estava presente ouviu o rapaz murmurar: "Quem me dera que o vovozinho morresse".

— Em casa, de manhã, chamam-me cinco vezes — dizia-me um rapaz —, a última com o tempo suficiente para chegar ao colégio; as quatro primeiras soam-me a trombeta celestial.

Não fales tanto; ficas pregando a todas as horas, e isso é terrivelmente aborrecido. O melhor educador que os homens tiveram foi Cristo, e Cristo passou nove décimos da sua vida numa pequena carpintaria de Nazaré, sem nos dizer nada por palavras.

No extremo oposto, tão pernicioso como este, encontramos pais despreocupados com a orientação da vida dos filhos. Estes devem saber que os rapazes precisam aprender tudo. Talvez a única coisa que já se sabe quando se chega a este mundo seja mamar. E ainda bem que a sábia natureza dotou as crianças com este saber, porque, se tivessem de esperar que lhes ensinassem a fazê-lo, algumas morriam de fome.

Mas é esse o teu perigo. És charlatão em demasia. Confias excessivamente nos teus sermões.

Realmente, tens muitas coisas a dizer aos teus filhos; mas antes de falar, mostra-lhes a tua vida.

Falas, falas, falas, não paras de falar. Conselhos, indicações, advertências, proibições e muitas histórias com moralidades, como se os rapazes só aprendessem pelos ouvidos.

Repara, pai pedagogo, que as crianças aprendem pelos ouvidos, pela boca, pelo nariz, pelos pés, pelas mãos e pelos olhos; especialmente pelos olhos.

Começam a aprender pelos ouvidos logo que nascem, e aprendem com a naturalidade com que respiram. Aprendem por imitação, por sugestões — inconscientemente —, pelo vosso exemplo, por contágio.

Desde que deixam de engatinhar até que vão para a escola, aprendem mais do que em qualquer outra época da vida em igual período de tempo.

Depois, continuam a aprender contemplando de perto a vossa vida.

Cedo ou tarde, apercebem-se do gênero de vida que levais. Os pais podem fazer muito bem... ou muito mal. Os meus fizeram-me muito bem. Que Deus lhes pague.

Estive convencido durante muitos anos de que a minha mãe gostava imensamente das cabeças de pescada. Que tolo! Demorei a compreender que ela gostava era dos filhos, mais do que das cabeças de pescada. Assim comíamos mais peixe.

Aquilo que uma criança vê e sente, entra plenamente na sua consciência, cria a sua personalidade, acompanha-a durante toda a vida.

Devo confessar que a tua história me impressionou, professora. Impressionaste-me quando me contavas a desculpa daquele rapazinho de seis anos, quando chegou à escola de manhã: "Não me pergunte hoje a lição, professora, porque ontem à noite meu pai voltou bêbado e não me deixou estudar nem dormir".

Pais, se não quereis contagiar os vossos filhos com o bom exemplo, não choreis por Cristo quando o virdes subir cheio de sangue a ladeira do Calvário. Chorai, sim, por vós e pelos vossos filhos, que arrastais para um inferno de misérias.

Os pais que lutam por viver de acordo com o que o Senhor pede e, com a vida, ensinam os filhos a fazê-lo também, serão tidos por grandes no Reino dos Céus.

Cristo, antes de indicar aos seus discípulos aquilo que deviam fazer no mundo, ensinou-lhes o que deviam ser. Compreendei-o bem. "Todo profeta que ensina a verdade, se não pratica aquilo que ensina, é um falso profeta" (Doutrina dos Doze Apóstolos).

"A nossa religião não consiste em cuidar de discursos, mas em demonstrar e ensinar por obras" (Atenágoras).

Tenho muito mais esperança nos pais mudos e santos do que em pregadores de sermões que não praticam aquilo que dizem.

Se quereis ensinar aos filhos o modo cristão de viver, comportai-vos como os pais de família do século II, que tinham bem vivo o espírito de Cristo: "E as boas obras que fazem, não as apregoam aos ouvidos da multidão; procuram que ninguém repare nelas, e escondem as suas dádivas, como quem encontra um tesouro e o esconde; e esforçam-se por ser justos, como quem espera ver Cristo, e recebem dele as promessas que eles têm com grande glória" (Aristides).

O mesmo texto nos diz pouco depois: "É verdadeiramente bem-aventurada a raça dos cristãos, mais do que todos os homens que estão à superfície da terra".

Tens de dar exemplo, mas, pelo amor de Deus, não te apresentes como exemplo, por que te tornas impertinente.

Não representes. Que o teu móbil não seja dar exemplo. Não procures parecer mau, mas também não finjas ser bom. Sê mesmo bom.

Não faças diante dos teus filhos aquilo que não costumas fazer a sós. Não pretendas dar bons exemplos à semelhança do fariseu. Não vivas ascetismos de charlatães de feira, para chamar a atenção, com a secreta esperança de que te imitem engolindo espadas sem truque.

Interessa-nos a vossa vida, pais.

Os filhos deixam-se contagiar por todos os vossos temores, preconceitos sociais, escrúpulos, cobiças, apegos, caprichos, manias, rancores, superstições; deixam-se contagiar pelas vossas grandes e pequenas mentiras. Todo esse conjunto de sentimentos nobres ou rasteiros passam, pelo contágio, a ser sentimentos da família. Quem conhecer os filhos sabe perfeitamente como são os pais.

Se sois tiranos, sairão rebeldes ou homens sem personalidade.

Se sois inflexíveis, sairão hipócritas. Se sois desconfiados, sairão tímidos. Se os mimais, sairão irresponsáveis.

Se tendes pouca fé, sairão supersticiosos.

Se tendes pouca esperança, não tereis filhos. Se tendes pouco amor, sairão invejosos.

Se não sois amigos da liberdade, sairão servis. Se pregais o que não fazeis, sairão fariseus.

Se sois avarentos, sairão com coração de papel-moeda.

Se sois escrupulosos, terão a obsessão da impureza.

E se sois individualistas, não servirão para salvar o mundo.

Que infelizes serão os vossos filhos se verificarem que vós sois os primeiros a não cumprir o que Deus manda a todos!

Está bem que lembres aos teus filhos que é preciso serem fiéis à palavra, como Régulo.[1] Conta-lhes o que a história ensina. Mas não sejas tão ingênuo que penses que, por te ouvirem sisudamente, vão seguir à letra os exemplos das tuas histórias. "Confundem-se incompreensivelmente dois processos psicológicos completamente diferentes" — diz Foerster:

> o interesse da criança pelos acontecimentos e pelas situações da narrativa, e o interesse pela imitação dos feitos narrados. Mediante uma exposição plástica de atos nobres, nunca se conseguem excitar as forças volitivas da criança se não se lançarem as pontes de acesso ao círculo individual da vida e das lides dela, isto é, se os correspondentes modos de agir não se traduzirem de forma concreta no mundo das motivações infantis e não se vincular o quotidiano à atuação e à vontade naturais do educando.

Eu te pergunto: há em ti essa fidelidade à palavra dada? Se não, desiste de contar histórias aos pequenos, porque aprenderão a ser fiéis e honestos à moda do pai, isto é, desprezando o compromisso que deriva da palavra dada.

Pais, sabeis quando nos dais exemplo? Quando vos julgais sós com os vossos pensamentos. Ensinais-nos mais quando não procurais ser "pedagogos" do que quando vos pondes graves e sérios para nos instruirdes.

---

[1] Marco Atílio Régulo († 253 a.C.), general romano aprisionado pelos cartagineses na primeira guerra púnica, foi enviado por eles a Roma para negociar a paz, tendo prometido que voltaria a entregar-se qualquer que fosse o resultado. Em Roma, incitou o Senado a continuar a guerra; mas, fiel à palavra dada, voltou a Cartago, onde foi torturado até à morte. [N. T.]

Quando regressas do trabalho, quando abandonas o jornal para nos atenderes, quando comes conosco, quando rezas, quando te pões de gatinhas para nos divertires, quando os teus olhos nos dizem que estás preocupado, mas os teus lábios sorriem, quando não te pavoneias com os elogios, quando não ficas desalentado com o fracasso, então, quando estás mais preocupado, nós, os filhos, cantamos sem que tu dês por isso: eu quero ser como o pai.

Tu, mãe, que pensas nos perigos do cinema; tu, pai, que te queixas tanto do mau ambiente da rua; tu, que falas tanto dos tempos presentes, tão libertinos, escuta:

> Em alguns países, um grupo de pessoas católicas competentes em questões pedagógicas e escolares fez um inquérito segundo os métodos da psicologia moderna sobre a vida religiosa dos alunos, sobretudo nos anos da adolescência. A acreditar no seu testemunho, chegaram a esta conclusão surpreendente: o perigo que o cinema representa para a fé dos alunos é uma ameaça menos grave do que a que provém dos defeitos do sacerdote, dos professores e dos educadores em geral. Que advertência tão poderosa para o sentido da responsabilidade (Pio XII).

Pais, os vossos defeitos fazem-nos mal, porque, para nós, sois o que de melhor se pode ser na vida. Mas não vos assusteis, porque também nos deixamos contagiar pela vossa lealdade, pela vossa sinceridade, pelo vosso amor à liberdade, pela vossa alegria e serenidade, pelo vosso equilíbrio e pela vossa paz. Somos contagiados pelos vossos grandes ideais.

É esta a herança que vos deixais na vida, pais. Embora nos oculteis as vossas boas obras, nós os filhos — com aquele direito que todas as crianças têm de remexer nos bolsos dos pais — encontramos a vossa fé, a vossa esperança e o vosso amor.

Não tenhais a pretensão de vos apresentardes diante de nós como pais sem defeitos. Vós os tendes, e nós vemos que os tendes. Mas nós vos amamos com todos os vossos defeitos, como também os pais devem amar os seus filhos, como Deus vos ama a vós.

A pedagogia do Diabo

Conheceis coisa mais monstruosa do que um filho obedecer ao pai por medo?

É rude, frio, seco, excessivamente autoritário e sério. Não é de admirar que os teus filhos não te falem dos seus pequenos problemas. Habituaram-se a interromper bruscamente as suas brincadeiras quando te ouvem entrar em casa, porque têm medo de ti. Sabem que te aborrece o mais leve ruído das brincadeiras.

Chegaste do trabalho com um "boa tarde" que soava a tempestade. O menor te olha de esguelha. Através dos títulos negros do jornal atrás do qual te escondes, o garoto adivinha a cara costumeira.

Ele, porém, está contente. Espera-te desde que regressou do colégio para te contar a aventura da tarde. Se o tivesses visto! Como os seus companheiros o aplaudiram! Ninguém se teria saído melhor.

Não consegue dominar a imaginação.

— O meu pai deve ter sabido alguma coisa na rua. É claro, pois até os meus companheiros comentaram o fato. Será possível que saiba e que esteja fingindo que não ouviu nada? Mas talvez não saiba, porque fez o que faz todos os dias, entrar e pegar o jornal. Que raiva! Por que não me diz nada?

E o rapaz decide intervir com um: *hum!* Tosse olhando para um quadro no canto oposto ao sofá onde o pai está sentado. Volta suavemente os olhos sorridentes, mas... o pai continua fechado por trás da porta de papel do jornal.

E se batesse à porta?

E com o indicador bate suavemente nas letras. Com efeito, a porta abre-se. Mas o pai diz: "Oi", e volta a fechá-la.

— Papai, sabes o que fiz esta tarde no colégio? — grita o garotinho.

E quando começa a contar a aventura com grande movimento de mãos e de pés, o pai intervém sem tirar os olhos do jornal:

— Não grites, que te ouço perfeitamente.

Faz-se silêncio. Se nesse momento o pai tivesse olhado para o moleque teria reparado no que os seus olhos diziam: "Não me ouves, não. Preferes as letras grandes do jornal ao meu triunfo no colégio."

Lentamente, sem deixar de olhar para o seu inimigo — o papel —, retira-se de costas até alcançar a porta do seu quarto.

O garoto não é vingativo e há de esquecer depressa o desprezo desta noite. Mas se os desaires se repetem com frequência, não peçais ao pequeno que vos ponha ao corrente das suas andanças esportivas, e menos ainda das pequenas curiosidades que, há algum tempo, intrigam a sua imaginação. Talvez as conte ou as pergunte à empregada, que, embora algumas vezes não lhe ligue importância, muitas vezes está atenta a tudo o que lhe conta do colégio. Será ela a confidente, não os pais.

Se tu não te interessas pelas coisas deles, quererás que eles se interessem pelas tuas? Por que razão haverá de ser assim? Por que és tão injusto com os filhos?

Com esse proceder — de homem frio, rude —, viverás sem dúvida muito mais tranquilo. Ninguém brincará à tua mesa. Falarás e todos te ouvirão. Mas os teus conselhos não penetrarão nos seus corações. Acatarão o teu regulamento; não o amarão, porém, como coisa sua, mas como uma pesada imposição a que é necessário amoldar-se para poder brincar aos domingos.

Agora é uma mulher que te vai contar a sua experiência infantil, uma pequena tragédia dos quatro anos.

> As minhas irmãs, que passavam o dia na escola, não estavam lá. Encontrando-me a sós no jardim, perto da casa, colhi um raminho de uma árvore e, à força de dar-lhe voltas entre os dedos, a casca foi cedendo até cair totalmente; fiquei com uma varinha descascada com toda a aparência de marfim.
>
> Que emoção a minha ao ver-me com aquilo nas mãos, que me parecia tão fino! Quase sem alento, entrei no quarto onde a minha mãe se encontrava com *miss* Corner, a professora particular de inglês. Completamente emocionada, exclamei:
>
> — *It is me who have done it!* (Fui eu que fiz isto.)
>
> A inglesa, porém, com a sua voz habitual, corrigiu a minha frase pouco correta:
>
> — *I did it!...*, retificou. (Eu o fiz.)
>
> Elas nem ao menos levantaram a cabeça.
>
> Nem uma palavra da minha parte.
>
> O tom tornou-se impaciente.
>
> — Queres dizer: *I did it?*
>
> Com a cabeça baixa e completamente abatida, mantive os lábios fechados.

— Queres fazer o favor de repetir? Inexplicável teimosia das crianças!
Foi a única vez que a minha mãe me bateu.
A varinha mágica pendia murcha e desencantada da minha mão trêmula (Jean Vieujean).

Pais, é necessário interessar-se pelos filhos. Se vos interessais pela sua varinha de marfim, eles hão de esforçar-se por melhorar o seu inglês.

Considerai ultrapassados aqueles tempos em que os pais ocupavam o cadeirão régio do lar, mantendo-se num trono alto demais para poderem escutar os desejos dos filhos. É necessário descer ao nível deles.
Se vos mantiverdes no trono, conseguireis sem dúvida muito respeito, mas... pouca confiança; muito respeito e muito medo.
Há muitas coisas lamentáveis na educação. Sempre as houve. Mas conheces alguma coisa mais monstruosa do que um filho que obedece ao pai por medo?
Medo do pai!
Medo do professor!
Medo de um superior!
Medo do mundo!
Medo de Deus!
São posições da mesma e errônea pedagogia. A pedagogia da desconfiança, da escravidão, que ninguém pregou e todos aprenderam. Que contente deve estar Satanás! A pedagogia do Diabo triunfou.
Não permitas que entrem medos nem temores no teu lar. Os medos — como o de Pilatos, temeroso de comprometer-se, e o do povo de Gerasa em face do sobrenatural — acabam em traição. O único temor que deves

introduzir na tua família é o dom do temor de Deus, que não consiste em ter medo de Deus, mas em ter medo do pecado. Faz-te jovem. Desce do pedestal dos teus trinta ou quarenta anos, para te pores ao nível dos teus filhos. Mostra interesse pelas coisas deles. Procura pensar como eles pensam, adivinha os seus entusiasmos, vive a vida dos pequeninos, mostra carinho pelos seus carinhos.

É a pedagogia da confiança que conseguirá que os teus filhos tenham contigo longas confidências. O primeiro passo na educação dos filhos é que o pai seja amigo deles.

Um amigo com mais anos, com mais experiência, com mais amor. Um amigo que nunca mente. Um amigo que corrige com uma inflexão de voz, sem ruído, com gestos imperceptíveis para os estranhos. Um amigo com quem os filhos podem brincar, porque conhece os seus gostos, os seus entusiasmos, a sua escala de valores. Um amigo — esquecido de si mesmo — que abandona o jornal para ouvir as últimas notícias que o filho traz do colégio. Um amigo que presta atenção à menina de quatro anos que traz um tesouro entre as mãos: um raminho descascado que parece de marfim.

O menino e a menina hão de esquecer, com o tempo, o que lhes ensinaste em conversas e passeios, mas hão de conservar sempre uma ideia precisa, orientadora e clara: seus pais foram os seus melhores amigos.

Conhecer, compreender, responsabilizar

Dizes-me que não compreendes os teus filhos. Dás a todos o mesmo alimento, o mesmo exemplo, a mesma doutrina; todos respiram o mesmo ambiente e... cada um reage de maneira diferente.

Isso é normal! Tendes de pôr de parte a ideia de que os teus filhos devem ser todos iguais. Foi Deus que os fez diferentes. Cada alma é uma obra de ourivesaria feita pelo amor de Deus. Cada filho é um mundo, com a sua inteligência, com as suas qualidades, com as suas virtudes e com os seus defeitos: com todos os elementos necessários para desenvolver a sua personalidade.

A difícil arte de educar consiste em compreenderes cada um dos teus filhos e ajudá-los a desenvolver todas as forças que Deus depositou neles.

Não é estranho que um pai superativo e superemotivo tenha um filho indeciso, pusilânime, numa palavra: sentimental; e, ao mesmo tempo, uma filha que não sonha senão com esportes e excursões.

Entre os filhos, encontraremos por vezes caracteres opostos e, sempre, afinidades que confirmam os laços do sangue.

Não sei por que procuras tratar os teus filhos como se fossem fabricados em série.

"Cada criança requer um itinerário e um ritmo de marcha determinados. Se a todo o custo se pretende conduzir toda a grei ao mesmo passo, usando os mesmos *slogans* ou o mesmo chicote, o número de tresmalhados, perdidos e desertores cedo indicará aos pastores o erro que cometeram" (Le Gall).

É preciso aceitar e amar cada filho tal como é; esperto, inteligente, irrequieto, normal ou curto de inteligência.

A ti, mãe, é o primeiro filho que te desconcerta. Tudo te parece novo.

Não desesperes, mulher, quando o pequeno de um ano — que já pega a xícara e move com lentidão a colher, e que caminha de quatro —, à hora de se deitar, depois de tirar as meias — tu sorris diante dessas primeiras experiências —, volta a calçá-las, coisa que não te agrada nada, embora objetivamente tenha graça.

Não te irrites quando o bebê chora. Aprende a distinguir, o mais depressa possível, se chora por mimo ou se esperneia porque a fralda e a carne estão presas pelo mesmo alfinete.

A mãe que não sabe deixar chorar o filho que lacrimeja sem motivo, converte-se em escrava do capricho infantil. Cedo a criança relaciona o choro com as atenções maternas e utiliza-o — não é tola — como campainha. Deixa tocar a campainha, mas não vás. Diante de um berço, distingue-se logo a mãe mimalha daquela a quem tu chamas sem coração, mas que é boa.

Se não fazes caso do que te digo com o primeiro filho, a experiência te levará a fazeres caso com o quarto.

Não desanimes diante do "não" rotundo e constante dos teus filhos de dois anos. É uma fase de contradição natural no desenvolvimento da criança. É o despertar da vontade, que se manifesta em teimosia, e que não é apenas própria do teu filho, mas de todas as crianças. Tu também passaste por esse período de "nãos".

Antes dos dois anos, não te esforces muito em lhes contares histórias: não te ouvem. Depois, sim. Conta-lhes histórias e os farás felizes. Pensas que há coisas muito mais importantes do que contar histórias aos teus filhos? Mas que sejam contos sem lições de moral. Histórias-histórias. Não sejas artificioso. Contos para rirem, para estarem alegres, para se divertirem.

Tenho um amigo que inventou uma personagem para as histórias dos seus filhos. É um gigante bondoso que se chama Braquimanhas. São os próprios filhos que lho pedem: "Hoje conta-nos o Braquimanhas esquiador". E a imaginação do pai corre pelos bosques cheios de neve.

Se és muito insípido, deixa a mãe contar-lhes as histórias.

Se sois os dois insípidos, tereis de comprar livros de histórias e lê-los aos pequeninos.

Aos três anos, não podem estar quietos. Mas não devem estar quietos. Têm necessidade de movimento. É a idade da ação. Tudo neles é dinamismo. É o tempo de adquirirem experiências valiosíssimas: correm, saltam, sobem e manejam perfeitamente o triciclo. Estão em movimento constante e obrigam as outras pessoas da casa a estar em movimento também.

Tem cuidado com eles. Uma criança com menos de três anos não tem o sentido do perigo. Interessa-lhe mais a bola que, saltando, vai para a rua, do que todos os carros de corrida que andam por ela. A criança dessa idade não pode reprimir ainda certos impulsos, por mais dócil e obediente que seja.

Não devem preocupar-te tanto as cabeçadas. São curiosos conhecimentos experimentais, preâmbulo dos muitos que hão de adquirir ao longo da vida. Não repitas, contudo, o que fizeste esta manhã. O menininho foi acabar a sua correria de encontro à mesa. Foi uma boa cabeçada. E o pai, a mãe, a tia, o avô, sobretudo o avô, todos à uma, para consolar o pequeno, começaram a bater na mesa, cantando em coro: "mesa má". Não, pais. A mesa não é má. É o pequeno que é tolo; perdão, é o pequeno que é nervoso.

Compreender a criança é entrar na ponta dos pés no seu mundo fantástico.

O pai procurava explicar à filhinha que aquela maravilhosa locomotiva era o brinquedo mais caro que tinha encontrado na loja. E a menina — sem fazer nenhum caso dele — continuava embevecida com a sua boneca, que consistia numa grande cabeça de nariz afilado.

Pai, não tens alma de poeta. Não compreendes que a menina não tem nada a acrescentar a essa locomotiva minuciosa? A boneca, pelo contrário, depende inteiramente dela. Compreendes? Veste-a. E com que cores! Passeia-a. Canta-lhe. Põe-lhe uns olhos maravilhosos, que são um encanto. Adorna-a com um cabelo dourado, que chega até aos pés. A cabeça converte-se numa fada que vai e vem do castelo, arrastando a sua enorme cauda de seda. Tudo é maravilhoso na disforme e monumental cabeça da boneca.

Feriu-te o desprezo descuidado da pequena.

Não te disse que entrasses na ponta dos pés nesse mundo de fantasia?

Quem é que se lembra de entrar aí com uma locomotiva? És um intruso. Não é de admirar que hoje te tenha fechado a porta no seu mundo interior.

Mas nem tudo acaba aqui. A idade da ação, à volta dos três anos, é seguida pela idade das investigações, à volta dos quatro. Enquanto a criança não sabia falar, olhava, ouvia, tocava e deixava viver os outros. Logo que aprendeu a falar, tem de viver para si. Duzentos "comos" e trezentos "porquês" diários esgotam todos os que não estiverem prevenidos.

Os primeiros anos da criança têm um não sei quê que faz dizer aos pais: "Dá-me vontade de comê-la".

Mas quando o menino começa a perguntar o porquê e o como de tudo o que vê e ouve, alguns pais sentem pena de "não o terem comido".

Pais, nunca percais o bom humor. As crianças encherão de alegria os vossos dias tristes, com os seus sorrisos, com os seus olhos, com os seus beijos, com as suas graças.

— Que engraçado, papai — diz um garoto de cinco anos diante do berço da sexta irmãzinha —, que engraçado vai ser, papai, quando formos catorze!

Não percas a paciência com as suas saídas espontâneas, que não revelam mau coração, mas preocupação pelo romance que vivem em cada instante.

O pai pretendia explicar ao filho uma gravura que representava os primeiros mártires, devorados pelas feras; procurava explicar como aqueles primeiros cristãos tinham morrido dilacerados pelas garras dos leões. Esperava ver uma reação de compaixão, mas a criança sentia-se mais atraída pelas feras do que pelos nossos irmãos da primeira geração, e com a sua língua pontuda chegou a dizer estas palavras: "Olha só, papai, este leão não tem cristãos para comer!" (Courtois).

Se os pais ignoram o mundo das crianças, podem ter grandes desilusões. Como aquela senhora, que considerou falta de educação o que era simples naturalidade. Estando na sala de visitas à espera dos donos da casa, viu o elemento mais novo da família entrar de gatinhas, dar uma volta pelo carpete e preparar-se para sair na mesma posição. Nessa altura, a senhora interveio: "És o mais pequeno da casa, não? Como te chamas?" E o menino, com muita naturalidade, sem levantar a cabeça, alheio a toda a espécie de visitas, respondeu: "Sou uma vaca".

O garoto de três ou quatro anos gosta de pentear-se, de lavar a cara e os dentes. Aos quatro ou cinco anos, é frequente que já tome banho sem ajuda, ainda que continue a brincar com o sabonete.

Não te preocupes, mãe, por causa do tempo que perdes com ele.

Para os pais, o sabonete é uma coisa que serve para lavar as mãos. É assim porque o olhas de cima. Os pequenos veem-no de baixo; para eles o sabonete é uma coisa muito interessante que faz espuma.

O garoto pode aprender a vestir-se cedo, sem a ajuda de ninguém. O que é incompreensível é um rapaz de oito anos — a culpa é dos pais — vestir-se auxiliado pela mãe boazinha e mimalhona.

Por que não deixas o pequeno escolher as suas peças de vestuário? Acostuma-os a olhar pela janela, ao levantarem-se, para ver o que devem vestir: o casaco impermeável, o pulôver ou a camiseta. Em que pensas que consiste a aprendizagem da responsabilidade? Dá-lhes responsabilidade, desde muito pequenos, nas coisas materiais.

Não exagero nada. Copio a definição que, não há muito tempo me dava um rapaz de bom humor, num exercício escrito do colégio: "O pulôver é uma peça de roupa que os rapazes têm de vestir quando a vovó tem frio".

Se o menino quer comer só, sem que ninguém o ajude, deixa-o. Por que queres impedir essa nova experiência, cheia de interesse? Para fazer as coisas bem, é necessário começar por fazê-las mal. Não o repreendas. Anima-o quando fizer as coisas bem; elogia os seus pequenos êxitos. Não te irrites pelos seus pequenos fracassos, quando sujarem a toalha de mesa. É inevitável. Vês tudo com olhos de homem grande, e é necessário que encares tudo com olhos de menino pequeno.

A menina de quatro ou cinco anos gosta de pôr e de tirar a mesa. Deixa que o faça, sem esses gritos de "cuidado, que quebras tudo", porque não quebra nada. Indica-lhe a ordem que deve seguir nas diferentes operações.

Disse-te no início que os filhos precisam aprender tudo. São muito poucas as coisas que se herdam. A imensa maioria, adquirimo-las por hábito.

Não me refiro exclusivamente aos hábitos de comportamento, de asseio, de boa apresentação. Graças ao hábito, os filhos podem aprender a pensar, a sentir, a ter bom gosto. "Até a própria atitude perante a vida" — não me lembro de quem foi o que o disse — "é, em parte, uma questão de hábito". As crianças aprendem a ser alegres e felizes, ou resmungonas e mal-humoradas, segundo os hábitos que adquirem. A maior parte dos hábitos adquirem-se nos quatro primeiros anos da vida e, uma vez consolidados, nunca mais se esquecem.

Mãe, repara que as crianças compreendem perfeitamente que Deus está "em toda a parte". Inculca-lhes isso.

Não lhes ensines, porém, a fazer propósitos para depois de amanhã, porque isso não lhes diz nada. Vivem num constante presente. O "depois" chega, quando muito, à hora de se deitarem.

As crianças alimentam-se comendo e dormindo. Impõe-lhes uma ordem. Não lhes permitas caprichos entre as refeições.

Impõe-lhes um pequeno plano de vida. O ócio é tão prejudicial e perverso nos homens como nas crianças. As brigas surgem quando há aborrecimento. Precisam de tempo para comer, para se vestirem, para brincar, para dormir, para arrumar os brinquedos e para apanhar sol.

Sem ordem, nunca adquirirão hábitos bons.

Por que vos admirais do alvoroço dos rapazes, se um dia se vestem antes de tomar o café da manhã e no dia seguinte lhes permitis que tomem o café antes de se vestirem? Não sabem a que ater-se.

Tornai-os responsáveis! Se até os seis anos contas com a criança e com o lar — e quando muito com o jardim de infância —, a partir dos sete terás de contar com o menino, o lar, a escola, a rua, os amigos, os livros e uma língua estrangeira. As coisas tornam-se mais complexas.

Não pretendo falar dos esportes, porque penso que estão na mente de todos os pais. O que quero, na verdade, insinuar-te é que os sete anos são possivelmente a melhor idade para se começar a aprender uma língua; que o rapaz de dez anos que pede um quarto da casa ou, pelo menos, uma gaveta da mesa, deve ser atendido; e que deves interessar-te pelos seus passatempos, para que experimente muitos e fique com alguns que valha a pena desenvolver na vida. Os teus filhos têm de escolher os seus passatempos. Música, pintura, alpinismo, caça, pesca e toda a série dos trabalhos manuais. Hei de voltar a lembrar-to antes de terminar esta carta.

Educá-los-eis perfeitamente se mantiverdes vivo o pensamento de que a função dos bons pais é tornarem-se desnecessários tão depressa quanto seja possível.

Toda a preocupação dos pais deveria manter-se nesta linha: necessidade de pôr quanto antes os filhos em condições de atuarem por si sós. Estou convencido de que este sentido e este espírito de responsabilidade são tudo no homem.

Os pais que, por um amor mal-entendido, pretenderem substituir-se aos filhos nos perigos, no cansaço, nas contrariedades e na doença, farão deles uns inúteis em face da vida. Deixo, porém, o tema para quando falarmos do domínio próprio e dos mimos.

Entre a posição dos pais que nunca intervêm para não se incomodarem, e a daqueles que intervêm constantemente, sobrecarregando os filhos com ninharias, temos a posição ideal, que é a tua.

Só auxilia a adquirir o hábito da responsabilidade o castigo que se relaciona diretamente com o motivo da culpa.

Um castigo deve ser sempre razoavelmente proporcionado à culpa, mas nunca pode ser uma irrupção de mau humor.

O castigo é bom quando o menino que quebrou um brinquedo é privado dos outros por uns dias.

É bom e pedagógico o castigo que obriga o rapaz que quebrou de má vontade um vidro a chamar o homem que possa pôr um novo, ou a pagá-lo a prazo, à custa das suas pequenas economias.

O castigo é bom quando a menina que não quer comer abobrinha — porque não gosta — volta a encontrá-la, um pouco mais fria, à hora do jantar, ou muito mais fria — se persiste na sua teimosia — no desjejum do dia seguinte.

É necessário fazer isto sem essas cenas a que estão tão sujeitas as mães "carinhosas" que se deixam arrastar pelos nervos.

Não é necessário dar um castigo em voz alta. Se o menino grita, deves falar-lhe sempre em voz baixa.

A criança não deve temer os pais, nem mesmo quando a castigam. Os castigos aplicados sem amor cumprem-se enquanto dura o medo, mas não conseguem transformar as disposições interiores.

Se a ira te rói, não castigues. Espera até recuperares a serenidade. Caso contrário, serás injusto. "Espera pelo dia seguinte, ou mais tempo ainda. — E depois, tranquilo e com a intenção purificada, não deixes de repreender. — Conseguirás mais com uma palavra afetuosa do que com três horas de briga" (*Caminho*, 70). O castigo deve ser dado com tato, com oportunidade, com clareza de motivos, sem humilhar, sem cair no absurdo de mandar para casa numa tarde de domingo um rapaz de doze anos. Também não vês perigo nisto, mãe inconsciente?

Às vezes — sempre raramente —, a bofetada pode ser medicinal. Parece-me, porém, que é um direito exclusivo dos pais, que pouco se deve usar, e nunca com as meninas.

Depois de castigardes, esquecei a falta. É necessário tornar às relações amistosas de sempre.

Não ameaceis com castigos sem prévia reflexão, pois se os filhos incorrerem na falta prevista, tereis de castigá--los mesmo.

Um rapaz deve habituar-se — por educação — a comer de tudo e a não se queixar de nada. Mas, para isso, é preciso que os pais comam de tudo e não se queixem de nada.

Dizia-me uma mãe diante do filho que estava de cama: "Diga-lhe que os comprimidos são bons. Ele não acredita".

Dias depois, envergonhei-me de tê-lo feito quando soube — pelo menino — que a mãe, que sofria da mesma doença, também não tomava os comprimidos que o médico lhe receitara.

Se, em vez de irem com os amigos, preferem ficar em casa, no quarto da mamãe, no mundo dos mais velhos, é porque estão excessivamente agarrados às saias da mãe. Estão a debilitar-se: manda-os para a rua.

O rapaz precisa viver no seu mundo: no dos rapazes. É aí que pode falar, e falar com autoridade; é aí que pode aprender a julgar e a decidir.

É necessário dar-lhes algum dinheiro? Evidentemente. Por que se há de consentir numa lacuna na formação do seu senso de responsabilidade? Os teus filhos não devem ser avarentos nem pródigos. E hão de adquirir o equilíbrio lidando com o dinheiro.

Não quererás que te diga que era teu filho aquele rapazinho que veio dizer-me com cara de caso: "O senhor, que tem confiança com os meus pais, por que não lhes diz que me deem algum dinheiro para que eu não tenha que roubá-lo todos os domingos?".

É tão perigoso ter a caixa aberta para todos os caprichos como tê-la fechada para todas as necessidades.

A uma criança de seis anos deves dar o necessário para comprar "tal coisa" determinada. Ainda é incapaz de poupar para "um futuro próximo".

Mas um rapazinho de doze anos deve estar habituado a pagar com o seu dinheiro do mês o corte do cabelo, o ônibus, as excursões, as esmolas e, é claro, os sorvetes e a lâmpada que quebrou com a bola.

O rapaz deve ter liberdade para gastar como quiser o dinheiro que é dele. Não lhe dês tudo feito; gastar e poupar são coisas da competência dele. É uma boa ocasião para falares com ele das experiências que vai adquirindo em contato com o dinheiro.

O que não deves fazer é adiantar-lhe dinheiro nos últimos dias do mês, só porque não contou os tostões nas duas primeiras semanas. Deixa que experimente como é caro esbanjar.

Há absurdo maior do que permitir que os rapazes abram uma conta corrente no carrinho do sorvete?

Este tema do dinheiro, como muitos outros, exige atenção e conversas com os filhos. A educação é difícil, não o esqueças, e a vossa vocação é heroica.

Prometer dinheiro em troca de boas notas no colégio? Pode ser um negócio arriscado. Fazê-lo uma vez por outra não me parece prejudicial; fazê-lo sempre seria péssimo. Mas também não deves privar os moleques de dinheiro por causa das suas más notas. Não há relação entre uma coisa e outra. É preferível que fiquem estudando.

Não enganeis os filhos com o pretexto de que é preciso poupar. Em maior ou menor medida, todos fomos protagonistas do seguinte episódio. Metíamos as moedas poupadas durante o ano num porquinho de barro. Chegava por fim o dia por volta da festa do Natal em que se partia o objeto com um martelo e se contava o dinheiro. Evidentemente, o mealheiro era uma coisa boa. Tanto dinheiro num só dia! Mas que desilusão depois. Sabeis o que nos compravam com as economias?

Um par de sapatos.

Tinha um amigo a quem os pais animavam a tomar óleo de rícino deitando-lhe uma moeda no porquinho por cada colher de rícino que tomava. Imaginais o que lhe compraram com o dinheiro poupado à força de colheradas? Outra garrafa de rícino. Já somos dois, pelo menos, a odiar os mealheiros de barro.

Há muitos modos de gastar mal o dinheiro com os filhos. Por exemplo:

Pagar professores particulares para que o menino tire 10 em vez de tirar 7 com o seu esforço pessoal.

Comprar-lhe um aparelho de som aos 14 anos, porque o menino passou na oitava série.

Comprar-lhe uma moto aos 16, porque passou no segundo colegial.

Comprar-lhe uma Parker último modelo, para que o menino compre uma esferográfica quando perder a caneta.

Entre os modos de gastar bem o dinheiro, podes incluir os seguintes:

Mandar os filhos a um bom estabelecimento de educação. Precisam de uma instrução sólida, de uma cultura ampla. Deveis ser nobremente ambiciosos, como a mãe dos filhos de Zebedeu, que pediu os dois cargos mais elevados do Reino para os seus filhos; e Cristo, que tratava o egoísmo com dureza, usou de benevolência para com ela.

Ao menos, arranja-lhes umas aulas de inglês.

Rasga em pedaços a nota de mil cruzeiros que o menino tem no mealheiro, se está ficando avarento.

Um rapaz que não saiba quanto custa o selo de uma carta, que não saiba mandar um vale postal ou uma encomenda pelo correio; um rapaz que nunca tenha pago uma fatura, nem saiba quanto custam os sapatos que traz nos pés ou o casaco que lhe vão comprar, mostra que tem uns pais que não se preocupam em lhe incutir senso de responsabilidade.

"As meninas de dez ou doze anos diz-nos um autor americano são capazes de preparar uma refeição, não apenas equilibrada, mas até econômica. É para elas um divertimento fazer as compras para a refeição de um dia, desde que a família, reconhecida, não regateie um elogio aos pratos escolhidos."

Se elas devem saber servir, acompanhar os irmãos, ir às compras e, mais ainda, executar todas as tarefas da casa, eles devem saber engraxar os sapatos, trocar os fusíveis, limpar a bicicleta e escrever à máquina.

Estai prevenidos

Os filhos crescem. É uma verdade elementar que deves ter em grande conta. Os pais esquecem-no com muita frequência, e andam quase sempre atrasados quanto à evolução dos filhos. Continuam a chamar-lhes "bebês" quando já são meninos. Consideram-nos "meninos" quando já gostam de ser tratados por rapazes. E chamam-lhes rapazes quando já são homenzinhos.

Nunca encontraste pais que rasgam as vestes porque os filhos começam a insinuar-lhes a possibilidade de se casarem numa idade... em que eles mesmos se casaram?

São minúcias deste jaez que explicam os conflitos entre pais e filhos.

Os filhos crescem e acabam por entrar numa idade — a que uns chamam ingrata, outros difícil —, uma idade bonita cheia de pesares. Uma etapa que nada tem de comum com as anteriores. A menina começa a fazer-se mulher, o rapazinho adolescente.

Quando pensavas que já conhecias o mundo das crianças, eis que a filha mais velha faz doze anos e o rapaz treze, e abre-se um campo desconhecido para ti e para eles.

Os pais que forem colhidos de surpresa pela nova etapa sofrem um grande dissabor. Hão de querer manter a todo o custo os seus direitos: a autoridade, a disciplina e o afeto. Os filhos, sem saberem por quê, sentir-se-ão tiranizados, e pedirão, com todas as suas forças, a liberdade e a independência. Agora preferem sair com os amiguinhos. A mais velha aborrece-se ao sair com a mãe.

Esta situação não é estranha. São pequenas afirmações da personalidade. A mãe atenta, sensata, deve saber afrouxar as rédeas. Pouco tempo depois, aos dezoito anos, será a própria filha a propor à mãe que saiam juntas.

Os pais desprevenidos, assustadiços, pretenderão introduzir-se agora na alma dos filhos, precisamente quando eles procuram fechar-se.

Quando estais mais preocupados com eles — causam-vos preocupação o seu crescimento e o seu romantismo — e quereis saber com quem andam e donde vêm, desconcertam-vos as respostas lacônicas: "da rua", "fui dar uma volta".

É a época do sofrimento das mães excessivamente zelosas, que verificam que os filhos ou as filhas lhes fogem das mãos e elas não encontram solução para atraí-los.

Em momentos assim, há uma coisa muito mais importante do que a autoridade extemporânea; uma coisa muito mais importante do que dar gritos, que não os comovem; uma coisa muito mais importante do que "estás me matando" ou "estás insuportável". O mais importante nestas alturas é manter a serenidade.

A política de não-intervenção imediata é sempre a mais adequada, a mais aconselhável.

O "controle" — quem o duvida! — é absolutamente necessário; mas deve ser indireto.

É nestas ocasiões que se aprecia melhor o bom senso dos pais. As pressões, as violências, que em épocas anteriores poderiam dar resultados favoráveis, nesta altura tornam-se contraproducentes.

A menina, extraordinariamente aplicada até hoje, tornou-se preguiçosa. O rapaz, sempre ativo nos jogos, passa à posição de espectador. Parece que não aguenta sequer o peso do esqueleto.

Não precisais abrir a gaveta da mesa; posso dizer-vos o que há nela; selos, caixas de fósforos, bilhetes de metrô, entradas de futebol, postais ilustrados, figurinhas, moedas antigas. De quinze em quinze dias, começa uma nova coleção. Aconselha-os a ter ordem e constância.

Coleções, poesias, cartas, diários, romantismos, gosto pela leitura — que é sempre bom —, grande afeto pelos pais e muita falta de respeito. E começam nas meninas os primeiros amores, dos quais te manterão informada se soubeste conquistar-lhes a confiança nos períodos anteriores.

Chegou o momento em que a casa se lhes torna excessivamente estreita. Se os pais erroneamente deixarem de fomentar amizades, de ampliar o seu lar, relacionando-o com lares amigos, os filhos sairão do lar para ir para outros, necessariamente desconhecidos.

Os pais não podem descurar as relações sociais, tanto por eles como pelos filhos.

Não te admires se o teu filho de quinze anos te surpreende às vezes com tentativas de rebeldia no julgar e no agir, para logo a seguir voltar às criancices dos dez anos.

Nestas idades, os rapazes são emotivos, sentimentais, caprichosos, fantasistas, judiciosos e razoáveis, com genialidades de homem maduro e "saídas" de menininho de chupeta. No colégio, comportam-se às vezes como homens comprovadamente generosos, quando em casa são egoístas e desobedientes.

É uma etapa de transição em que, se se afrouxam as rédeas, sentem-se inseguros, e se se apertam, sentem-se escravizados.

Não desespereis, pais. Vós tendes mais obrigação de conservar a serenidade, pois eles nem a si mesmos se compreendem; sabem o que não querem, mas não conseguem determinar aquilo que querem. Caminham para a vida tanto biológica como psicologicamente. Estas mudanças e estes transtornos são completamente naturais.

Esse comportamento que lhes exiges despoticamente para que sejam sempre dóceis, sempre obedientes, sempre submissos, sempre carinhosos, sempre bem-educados, sempre cavalheiros... é impossível num rapaz são. Se houvesse casos desses na tua família, não te felicitaria por isso. Terias uns filhos abúlicos que precisariam de médico.

Deves compreendê-los. Esforça-te por compreendê-los.

Mães carinhosas, agora que vos sentis um pouco abandonadas, agora que sentis o desejo de dizer aos vossos que vos amem — porque desejais ser amadas pelos filhos —, não esqueçais que é o momento em que os vossos filhos, e sobretudo as vossas filhas, precisam como nunca de carinho, de compreensão, de consideração, de estima, precisamente porque a leviandade, a frivolidade e a estupidez adornam agora as suas cabecinhas de mulher.

Agora que a afeição pelas bonecas, abandonadas aos dez anos, foi substituída pelo amor aos bonecos de quinze ou dezesseis anos; agora que o gosto estético se vai concretizando nas roupinhas para agradar; agora que o dinheiro não conta nada, comparado com a beleza; agora, esforçai-vos por compreendê-las. Fazei-as ver como todo esse mundo de poesia e de dores que se abre diante dos olhos delas, todas as dificuldades que encontram no seu caráter volúvel, todas essas alegrias doidas e todas as depressões frequentes que cristalizam em lágrimas, não são mais do que o preço — muito baixo — que o nosso Pai-Deus pede em troca dessas grandes coisas que se estão produzindo nelas.

Mães, é preciso que vos imponhais um novo sacrifício. Uma vez mais os vossos filhos pedem — sem pedir, porque se envergonham — que vos esqueçais de vós mesmas, para vos preocupardes deles nas suas crises afetivas.

Tomai-os a sério. Admitem todas as vossas sugestões, mas nunca as vossas troças.

Não vos assusteis porque a vossa filha, na idade da puberdade, manifesta gostos e atitudes mais próprias de rapaz do que de menina. "Pelo contrário, não manifestemos receio algum. Esta mostra de modos masculinos que nos traz tão assustados" — diz Guarnero —, "não prejudicará em nada a sua feminilidade; ajudá-las-á a vencer sem fatuidade este período, que está tão exposto a cair na mais vazia estupidez feminil".

A adolescência é uma etapa difícil e brilhante, que se atravessa com grande proveito quando os rapazes têm alguém em quem apoiar-se e com quem desabafar.

Se nos anos infantis fostes os seus melhores amigos, tereis conseguido ser agora os seus melhores conselheiros. Conselheiros que não se assustam, que não temem, que escutam — sem se alarmarem estupidamente — os primeiros amores apaixonados, puros como os de uma mãe pelo seu filho. Conselheiros que mostram confiança nos seus aconselhados. Conselheiros que sabem fechar os olhos e passar por cima de descuidos grandes e momentâneos. Conselheiros que não precisam abrir as cartas, porque são os seus próprios filhos que as leem para eles. Conselheiros que não forçam as consciências, porque tiveram o cuidado de as entregar nas mãos amigas de um sacerdote. Conselheiros que castigam pouco e animam muito.

Os teus filhos precisam encontrar compreensão e fortaleza naqueles que os rodeiam. Precisam de amigos de boa vontade. Precisam de quem lhes explique a razão dessa agitação da alma e do coração. Precisam de quem sacie as suas curiosidades legítimas, prova de que são inteligentes. Necessitam de quem encaminhe a sua rebeldia, a sua audácia, a sua imprudência juvenil. Precisam de quem responda aos seus gritos de "fora tudo o que é velho!".

Agora — mais do que nunca —, pais, tendes que ser jovens. Agora que atingistes a plenitude da vida, esforçai-vos por vos colocardes à altura deles; recordai os vossos catorze, os vossos quinze ou dezesseis anos.

Pais, eles precisam de vós. Precisam de quem lhes mostre a verdade sobre a vida, sobre a morte, sobre o homem, sobre o mundo, sobre o caminho e o amor.

FALAI-LHES DA VIDA, DA MORTE DO CAMINHO E DO AMOR

Falai-lhes positivamente

Não enchais de ameaças e proibições a vida do lar. Enchei o ambiente de conteúdo positivo.

Se nas paredes do lar se escrevessem todas as proibições que os pais fazem aos filhos, não haveria lugar para pendurar um quadro.

Não se pode permitir que o lar se transforme num ônibus onde tudo é proibido, desde fumar até brincar com as fechaduras das portas.

Aquela senhora que, por comodidade, abandonava a educação dos filhos às empregadas, tinha reservado para si a função de inspetora do ônibus familiar: "Maria" — a frase é de Courtois —, "vá ao jardim ver o que os meninos andam fazendo e proíba-lho".

Se continuardes com essa péssima psicologia da ameaça constante para que "sejam bons", conseguireis com certeza que sejam "maus", desde que possam escapar ao castigo sem serem vistos.

Na mesma linha, nitidamente antipedagógica, encontram-se os pais que chamam mentirosos e preguiçosos aos filhos. Se não confiais neles, fareis deles uns hipócritas.

Salvo honrosas exceções, os filhos estão melhor informados sobre a má educação do que sobre o civismo.

Infelizmente, conhecem melhor os pecados do que as virtudes. Sabem que não se deve matar, nem roubar, nem mentir, mas apercebem-se com mais dificuldade da função da vida, do dinheiro e da verdade. Estão mais versados na atrição do que na contrição. Conhecem melhor as tentações do Demônio do que a vigorosa ajuda do Anjo da Guarda. Conhecem os perigos de um mau amigo, mas não sentem a profunda preocupação cristã de ajudá-lo a melhorar.

Como não compreendeis que estais travando-lhes completamente os grandes desejos, as santas aspirações? Não vedes que assim crescem com a convicção nefasta de que homem bom é aquele que apenas se priva e se abstém de tudo o que é proibido?

Conheceis alguém que tenha feito alguma coisa na vida privando-se das coisas más? Conheceis algum lema de homem santo que contenha apenas negações? Estais convencidos de que Cristo veio à terra apenas para não pecarmos? Não. Veio para que tivéssemos vida. Pensais que a santidade consiste em não transgredir a lei de Deus? Se pensais assim, estais enganados, porque santidade é cumprir positivamente a vontade do Senhor.

Quantos são os homens do nosso tempo que sabem que a vocação do cristão é uma vocação para o apostolado? Quantos sabem que ser cristão implica a obrigação — não mudemos a palavra — de fazer apostolado, de tomar parte nele, na medida das nossas possibilidades?

Pensais que com negações e proibições podeis formar os vossos filhos nas exigências sociais do cristianismo? Hão de satisfazer-se comodamente com não maltratar o desvalido. Por acaso as obras de misericórdia têm algum sentido negativo?

Podia ser este, a traços largos, o sentido positivo do teu lar:

Mais amor do que temor. Mais virtudes do que pecados. Mais anjos do que diabos.

Mais contrição do que atrição. Mais confiança do que temor.

Mais diversão do que aborrecimento. Mais estímulo do que repreensões.

Mais alento do que ameaças. Mais prêmio do que castigo. Mais elogio do que censura. Mais ideais do que proibições.

Mais alegria do que mau humor.

Pode-se esbofetear um rapaz por ter batido com a porta e gritar-lhe que as portas não se fecham com um empurrão. Mas também se pode louvá-lo quando as fecha com delicadeza. E o elogio é mais eficaz, mais positivo, mais formativo, mais pedagógico, e muito mais cristão. Nunca se esquece.

Deixo-te todo o dia de hoje para que experimentes o conselho e te convenças. Por pouco que penses, hás de encontrar dez coisas a louvar nos teus filhos. E com dez elogios pouparás cem proibições.

Falai-lhes da vida e da morte

Não tínhamos combinado que o lar devia ser luminoso? Que luz haveis de dar, se não esclareceis os filhos sobre a vida, a morte, o caminho e o amor?

Que medo tendes de falar aos filhos sobre a vida e sobre a morte! É excessivamente doloroso.

Quando é que começareis a dar doutrina aos vossos filhos?

Não lhes oculteis nada. Não deveis ocultar-lhes nem os mistérios da vida nem os da morte.

Repara na vergonha que encontrei num livro que, de resto, ensina boa pedagogia:

> É muito difícil dar uma resposta satisfatória à criança que quer saber o que acontece quando uma pessoa morre. E um dos casos em que não só é lícito, mas também desejável, que a mãe manifeste que não sabe bem... Não é muito consolador para o pequeno saber que, quando morrer, irá para o Céu, pois a criança entristece-se ante a ideia de ir para um lugar muito distante, onde estará separada dos pais.
>
> É mais sensato fazer-lhes ver que não é provável que morram (sic), pois atualmente trata-se tão bem das crianças que não há razão para se inquietarem.
>
> A ideia de estar com Deus é muito vaga para as suas inteligências, que só compreendem o que se pode ver e tocar.

A ideia de estar com Deus é muito vaga? Talvez para vós, pagãos. Se não tiverdes fé, é difícil que saibais falar da morte aos filhos. Pobres pagãos. Cheguei até à página cento e tal desse livro antes de encontrar a palavra "Deus" e, quando me apareceu, era para explicar que esse nosso Deus é uma ideia vaga. Falta-lhes a fé. E natural que tenham medo de falar de Deus. Nós, os cristãos, filhos do grande Rei, que alicerçamos a vida espiritual na filiação divina, não podemos ter medo nem de Deus, nem da vida, nem da morte.

Silêncios covardes

Um rapaz entrou no meu quarto. Desta vez não correspondeu ao meu sorriso. Faltava-lhe a alegria que frequentemente lhe inundava os olhos. Os olhos dos rapazes não enganam. Este permanecia de cabeça baixa.

Convence-te, pai, de que os rapazes também têm problemas que atormentam, que lhes pesam na alma.

Tive de fazer alguns rodeios antes de entrar no assunto.

Até que acabou por falar. Fê-lo com a crueza de um homem desiludido.

— Já sei tudo.

Compreendi imediatamente que a conversa requeria muito tempo.

De fato, assim foi. Ao terminar, perguntei-lhe:

— Então... pensaste que os teus pais pecavam, não é verdade?

O "sim" sem paliativos, seco e duro do rapaz feriu-me a alma.

Os pais dele e eu tínhamos chegado com um dia de atraso. Uns minutos na companhia dos amigos que "já sabem tudo" tinham bastado para que aquele rapaz deitasse por terra todo esse respeito, veneração e carinho loucos que temos pelos pais.

Os pais dele não eram bons. Os pais dele pecavam.

Pais, ferve-me o sangue quando verifico que a covardia de não falarmos no devido tempo leva os filhos a pensar que pecais quando cumpris a vontade de Deus, vós os que por vocação tendes de gerar filhos para o Céu.

Não compreendo por que é que não falais da vida aos vossos filhos. Tantos receios ridículos! Tantas mães ingênuas! Abri os olhos de uma vez à realidade presente! Por que não fazeis caso do conselho dos educadores?

Pensais que pelo erro e pela mentira se podem formar homens fortes num mundo frequentemente sujo?

Há poucos dias, dei uma conferência a sessenta alunas finalistas de um colégio. Pois nenhuma delas tinha ouvido uma só palavra vinda de seus pais sobre o problema.

Por descuido, por incúria, estamos permitindo que os rapazes se formem na ideia de que há temas de que não se pode falar com os pais. Pelo visto, são assuntos que só se podem tratar na rua com os amigos, às escondidas.

Enquanto os pais se calam, os filhos procuram soluções para as suas curiosidades, próprias de um ser inteligente que não aceita sem mais o silêncio e a mentira.

A "cegonha" revela a covardia de uma geração que recorre à fábula para contornar as dificuldades da educação sexual.

A tática do silêncio é sempre lamentável. O pudor mal-entendido, a falta de léxico apropriado, a ausência de uma instrução conveniente dos próprios pais, fizeram com que a geração que nos precedeu se mantivesse na expectativa, num silêncio a todas as luzes deformador e nada educativo.

Se até agora, com muitas desculpas, o silêncio podia ser ingenuidade, no presente, depois de a Santa Madre Igreja ter falado, suporia uma deformação não isenta de responsabilidade.

O rapaz — que deixa de ser criança muito antes do que os pais supõem —, se não encontra no lar orientação sobre estas matérias delicadas, quando a inteligência o exigir, irá informar-se na rua, no dicionário ilustrado ou no manual de ginecologia.

Hão de formar-se assim: "Ao acaso, em reuniões turvas, em conversas clandestinas, na escola de companheiros de pouca confiança e já muito versados, ou por meio de leituras ocultas, tanto mais perigosas e prejudiciais quanto o segredo inflama mais a imaginação e excita os sentidos" (Pio XII).

Tende em conta, pais, que em tais casos a informação ou será falsa ou estará truncada, porque será exclusivamente fisiológica, deixando sem tocar os aspectos moral, sentimental e religioso, tão necessários nesta faceta da educação.

Se não lhes explicas tu aquilo que Deus fez, outro o fará, e possivelmente contará mais do que Deus fez: contará também o que é obra do Diabo.

Não te assustes, mãe, quando o filho pequeno, muito pequeno, repara à hora do banho nas diferenças sexuais em relação à sua irmãzinha. Isto revela apenas que a criança não é tola. Elas não têm malícia quanto ao seu corpo. Aproveita a oportunidade para lhes explicar com naturalidade — com muita naturalidade — que o Menino-Deus fez os meninos e as meninas diferentes. Não podem ficar com a impressão de que perguntaram uma coisa escabrosa.

Se respondeis com simplicidade — sem ar misterioso —, o menino contentar-se-á com a vossa resposta breve, como se contenta com as centenas de respostas que dais às cem perguntas que vos faz todos os dias.

Não os eduqueis no temor e na repugnância pelo sexo, mas falai-lhes do pudor natural querido por Deus.

O conhecimento que devem adquirir nas conversas contigo há de ser são, natural e sobrenatural.

Não caias na atitude daquele pai — pouco inteligente e obcecado pelos perigos que podia correr a pureza da sua filha de vinte anos — que, estando de visita em casa de uns amigos à hora do banho do bebê de um mês, o tapou para não ofender o pudor da filha... a qual, por outro lado, estava em vésperas de se casar.

Ensinai-os antes a ver o mundo com olhos limpos.

Se eles não te perguntam donde vêm os filhos, adianta-te tu a explicá-lo.

Ensinai-lhes donde vêm os filhos, e garanto-te que terão mais amor pela mãe, mais respeito pela mulher e um santo orgulho por eles mesmos.

Falai-lhes da função do pai, sem esperar pelos catorze anos, e hão de aperceber-se, natural e sobrenaturalmente, da luz do poder criador dado por Deus ao homem.

A menina deve conhecer a causa da menstruação e a relação entre esse fenômeno e o dever sagrado da maternidade. Deve saber — porque lho explicaste — que a maturidade precoce explica o atrativo que sente pelos rapazes mais velhos.

O rapaz tem de ser elucidado sobre a causa dessas efusões noturnas e involuntárias que há de sentir, e como tudo isso está a serviço da geração, reservada exclusivamente para o matrimônio.

Se a educação sexual é importante em todos os filhos, nos temperamentos sanguíneos é ineludível. Tendes que preveni-los contra o autossexualismo. Não quero a vossa responsabilidade se não o fizerdes.

Antecipai-vos às transformações fisiológicas dos vossos filhos. Explicai-lhes todas as alterações emotivas que vão sofrer.

É necessário que vos despojeis de receios e de afetações. Lede algum livro — há muitos e bons — para aprender o léxico que deveis empregar.

É uma monstruosidade abandonar os filhos no conhecimento das obras de Deus.

Pais, com esse descuido não conseguireis nada. Melhor, conseguireis que a vida sexual dos filhos corra por caminhos de sensualidade cega. Se abandonais estes temas ao seu arbítrio, hão de caminhar para o matrimônio cheios de egoísmo sujo, por fora e por dentro.

Abandonai tudo aos seus instintos e torná-los-eis hipócritas. O respeito pelos pais cairá por terra; fingirão não saber nada.

Ouvem que falais centenas de vezes dos perigos dos resfriados, e veem que guardais silêncio sobre a luta que hão de travar na vida; acabarão por concluir que a coisa mais importante é evitar resfriados, porque, pelo visto, nessa outra matéria nada há a fazer.

Se os vossos filhos podem aprender os grandes princípios da vida no vosso lar luminoso, por que preferis que vão informar-se na penumbra dos cinemas ou com os vizinhos do bairro? Não tendes o direito de dizer aos vossos filhos: "Disso não se fala". É necessário falar dessas coisas.

> Educai a inteligência dos vossos filhos. Não lhes proporcioneis falsas ideias ou explicações falsas das coisas; não respondais às suas perguntas, quaisquer que elas sejam, com piadas ou com afirmações menos verdadeiras, em face das quais a inteligência raras vezes se rende: aproveitai-as para dirigir e encaminhar, com paciência e amor, o seu entendimento, que não deseja senão abrir-se à posse da verdade e aprender a conquistá-la com os passos ingênuos da primeira razão e reflexão (Pio XII).[1]

---

[1] "A educação sexual, direito e dever fundamental dos pais, deve atuar-se sempre sob a sua solícita guia, quer em casa quer nos centros educativos escolhidos e controlados por eles. Neste sentido, a Igreja reafirma a lei da subsidiariedade que a escola deve observar quando coopera na educação sexual, ao imbuir-se do mesmo espírito dos pais... A Igreja opõe-se firmemente a uma certa forma de informação sexual, desligada dos princípios morais, tão difundida, que não é senão uma introdução à experiência do prazer e um estímulo que leva à perda ainda nos anos da inocência da serenidade, abrindo as portas aos vícios" (*Familiaris Consortio*, n. 37).

Encontrava-me na igreja. Não havia um único lugar. Os alunos de um colégio enchiam completamente o templo. Entrou uma mulher nova, com os sintomas da maternidade. Ficou de pé, junto de uma coluna.

Em breve os garotos do último banco começaram a olhar para ela. Olhar, segregar e rir daquela que ia ser mãe foi coisa de um instante. Tudo menos dar-lhe um lugar no banco.

Eu não ouvia os comentários deles; mas adivinhava-os. Tudo aquilo me indignou. Levantei-me, dirigi-me para eles e disse-lhes:

— Por que é que estão rindo? Essa senhora vai ser mãe.

Olharam para mim com espanto e voltaram às suas rezas. Quando tornei a ajoelhar-me, continuaram com os seus sorrisos.

O professor, que me viu falar com os rapazes, com certeza castigou "todo o banco" ao chegar à aula. Eu teria castigado a ele, porque quem tinha a culpa de que se rissem de uma mulher que ia ser mãe?

A formação que se deve dar há de ser paulatina e completa. Não se esgota de uma vez. A educação sexual não pode ser compreendida numa lição única; exige muitas. Não é própria de uma idade determinada; deve dar-se à medida que se apresenta a sã curiosidade dos filhos.

Por isso acho que todo o edifício desta delicada faceta da educação deve basear-se numa confiança prévia e absoluta do filho nos seus pais. O rapaz que não tem confiança para tirar o jornal das mãos do pai, quando volta do colégio — a culpa é do pai —, não pode atrever-se a perguntar como é que os meninos aparecem na vida.

Estou convencido de que essa educação não é a panaceia que a tudo há de dar remédio, mas também estou convencido de que assim se evitam muitas aventuras sexuais cujas consequências seriam deploráveis; penso que assim se poupam muitas catástrofes morais e, sem dúvida alguma, muitas catástrofes mentais.

Não tenhas medo de adiantar-te; o perigo é que chegues tarde; quando já pensaram que tu também pecaste.

A educação sexual deve revestir sempre o caráter de profilaxia e não de tratamento. E preciso prevenir em vez de curar. O que é fatal é chegar com um dia de atraso.

Fala disso em casa, na presença de Deus, nos momentos do dia em que depois possam distrair-se pelo jogo. Conversa individualmente com cada um dos teus filhos. Tudo sairá com naturalidade, se esta confidência for mais uma de tantas que tens com eles.

Não pretendas eludir essa responsabilidade lançando a carga para cima dela, nem tu para cima dele. Corresponde aos dois,

> à mãe com as filhas, ao pai com os filhos — quando for necessário — levantar cautelosamente, delicadamente, o véu da verdade, dando-lhes a resposta prudente, justa e cristã às suas perguntas e às suas inquietações.
>
> Recebidas dos vossos lábios de pais cristãos com a devida prudência e os cuidados convenientes, as revelações sobre as misteriosas e admiráveis leis da vida serão escutadas com reverência misturada de gratidão e iluminarão as almas dos vossos filhos com muito menor perigo do que se as aprendessem ao acaso (Pio XII).

Que ocasião excelente para falardes aos filhos da santa pureza. Enchei-os de entusiasmo pela pureza positiva, na cabeça, nos olhos, nos lábios, no coração. Não faleis de impurezas. As coisas negativas nunca têm força suficiente para se converterem em ideal.

Mostrai-lhes como a santa pureza lhes dará a valentia de um João, puro, ao pé da Cruz.

Mostrai-lhes como a santa pureza lhes dará o amor de um João, adolescente, para poderem reclinar a cabeça sobre o coração de Cristo.

Mostrai-lhes como a santa pureza lhes dará a visão sobrenatural de um João, Apóstolo, para descobrirem primeiro o Senhor sobre as águas.

Falai-lhes da santa pureza e do amor.

Falai-lhes do valor da virgindade, da castidade vivida por amor de Deus.

Falai-lhes da vida à luz do amor. Falai-lhes da família e do casamento.

Falai-lhes do amor do homem pela mulher. Falai-lhes da grandeza da obra do amor.

Falai-lhes da importância de preservar as faculdades de amar para o amor.

Falai-lhes do caráter divino do amor humano na terra.

Vós, pais, conscientes da vossa missão, sabereis aproveitar essas mil ocasiões que o lar oferece para falar aos vossos filhos entre livros, música, esporte de Deus, da vida, da morte e do amor.

Ingenuidade de mãe tola

— O meu filho é um anjo, é extraordinariamente bom; às vezes, é um pouco resmungão, mas, na idade dele, não repara no que está fazendo. Não quero dizer que não tenha defeitos, é claro; todos os rapazes os têm; mas não sei, vejo nele alguma coisa que os seus amigos não têm. É uma joia, e não é por eu ser a mãe dele. Acreditaria que, há uns dias, dei-lhe dois caramelos, e ele me disse espontaneamente: este vou dá-lo à Mimi? (Mimi é a minha filha). É realmente uma pérola.

— Não. Quanto a notas, não andou muito bem neste período. O garoto é inteligente, mas, se o senhor o visse, distraído como ele só. Coisas de criança.

— Agora vou arrumar-lhe um quarto. Vai ficar muito bem. Vai ter a sua mesa, a sua cadeira, as suas fotografias, tudo muito confortável.

— Não, o pobre. Ele gostaria de ir, tenho a certeza. Mas não me agrada. Tão cedo! Pode apanhar um resfriado. Se as aulas começassem um pouco mais tarde, gostaria que fosse à missa, mas a essas horas..., não, nada. Ficou a tossir em casa, o pobre e... não, não.

— O garoto não tem mais do que doze anos. É muito criança. Creio que sim! Mas nunca reclama de nada, e todos os anos nos escreve a sua cartinha pedindo-nos presentes. Este ano passado, que pensa o senhor que ele pediu? Que trouxesse presentes à mamãe! Bem dizia eu...!

— Não, sem dúvida; não gosto sequer de tocar esses temas. É tão inocente, pobrezinho! Se o visse! Abrir-lhe os olhos antes do tempo! Não, pelo amor de Deus!

— Sem dúvida. Já que puxou a conversa, devo dizer--lhe que é necessário ter muitíssimo cuidado com essas revistas infantis. Ontem, para não ir mais longe, tive de tirar-lhe uma revista da mão. Que indecências, que desenhos! É claro que o menino não compreende nada dessas coisas, tenho a certeza, mas prefiro que não as tenha à mão. Também lhe encontrei algumas fotografias que não me agradaram nada; mas... faz coleção de jogadores... enfim, não compreendo esses gostos que eles têm hoje em dia.

Agora falo eu. Já aguentei bastante. Não podeis ser assim, mães!

Não podeis esquecer que os vossos filhos já há anos deixaram de chamar "cocolate" ao chocolate. Deveis ter presente que hoje, na quinta série, "já são doutores".

As ingenuidades de mãe tola saem caras.

Não sejais ingênuos, pais. Abri os vossos olhos e preocupai-vos um pouco, ao menos, por saber como são os vossos filhos e o que fazem. Não repitais que são "uns anjos", porque não o são. Os rapazes de olhos azuis com "repentes angelicais" também podem ter muita maldade.

Acreditai em mim, pais, falo-vos com o coração nas mãos. Preocupai-vos com os vossos filhos. Limitais-vos a rezar com eles e isso não basta. O Senhor quer que os formeis, e parte dessa formação consiste numa vigilância discreta.

Foste tranquilamente passear com a tua mulher; acho muito bem. Mandas os teus filhos com os filhos dos teus amigos; também me parece bem. Mas não te esqueças de que os deixaste em casa com os priminhos e as priminhas. Não sejas ingênuo. Há uma empregada que cuida deles? E quem toma conta da empregada?

Não pretendo encher-te de preocupações. Quero que tenhas pelo menos alguma preocupação pelos teus filhos.

Volto a repetir-te: a tua cegueira tira-me a tranquilidade. Estes pequenos de agora são como tu foste; com paixões como as tuas, com fraquezas e com debilidades iguais, com tentações semelhantes. Reza por eles; mas, ao mesmo tempo, abre os olhos.

Falai-lhes do caminho

"É fácil encontrar muitos entre nós" — diz Atenágoras "dos cristãos dos primeiros tempos homens e mulheres que chegaram à velhice solteiros, com a esperança de terem maior intimidade com Deus".

Se lhes falaste da origem da vida e da morte, não te esqueças de lhes dar doutrina sobre o caminho que os homens têm de percorrer desde que, ao nascer, recebem os talentos, até o momento em que o pai de família regressa e nos pede contas à hora da morte.

Tens plena consciência daquilo que tu e os teus filhos, os "outros" e eu, devemos fazer aqui na terra, enquanto percorremos o nosso caminho, às vezes amargo, nalguns momentos feliz, e sempre alegre para aqueles que vivem como filhos de Deus?

Vou-te mostrar o caminho. Possivelmente falei-te dele muitas vezes nestas páginas, mas não me importo de insistir, porque se trata da única coisa verdadeiramente importante e transcendente que é necessário encarar na vida. O caminho é este: cumprir a vontade de Deus!

Chamei-te pelo teu nome, diz-nos o Senhor. Chamou-nos desde a eternidade.

Se reparássemos no muito, no muitíssimo que Cristo nos ama a cada um de nós! Não compreendemos a alegria dos homens justos, mesmo quando têm o coração despedaçado pela desonra, pela maledicência ou pela calúnia? Se Deus os ama, e eles amam a Deus, que importam as coisinhas desta pobre terra?

Este é o caminho que os teus filhos devem seguir: cumprir a vontade de Deus. Este é o grande segredo para serem felizes aqui, entre as sombras, angústias e contratempos da vida terrena; este é o grande segredo para sermos felicíssimos por toda a eternidade.

Ajuda os teus filhos a descobrir a vontade de Deus. Reza e aproxima-os da luz. A Luz é viva, brilhante, cheia de esplendor, quando a olhamos fixamente, com olhos generosos. Se não somos educados na generosidade, é muito difícil vermos o caminho com clareza.

Em suma, estes são os caminhos que os teus filhos podem percorrer na terra: o teu ou o meu; o casamento ou a consagração total a Deus. Pede muito para que os teus filhos vejam e depois ponham em prática aquilo que, por vocação, estão chamados a fazer.

Seria pernicioso que não tivéssemos ideias claras na cabeça, porque tereis de falar aos vossos filhos sobre a escolha da vocação. Anda por aí muita doutrina falsa, naturalista e apodrecida, que se opõe aos desígnios de Deus.

Dissemos muitas coisas boas do sacramento do matrimônio; todas elas são certas. O caminho do matrimônio deve terminar em santidade; mas não pode considerar-se superior à consagração a Deus. É doutrina pregada por Cristo e pelo Apóstolo Paulo que a excelência e as vantagens da consagração total da alma e do corpo ao Senhor, estão muito acima do matrimônio.

Não ensineis o contrário, "porque é dogma de fé divina e declarada sempre por opinião unânime dos Santos Padres e doutores da Igreja" (Pio XII, *Sacra virginitas*).

Ainda não compreendestes aquele ponto de *Caminho* que diz: "O matrimônio é para os soldados e não para o estado-maior de Cristo"? Soldados rasos que podem conquistar os louros da vitória.

Não deformeis, porém, a consciência dos vossos filhos, dizendo-lhes que a graça do sacramento do matrimônio o converte em instrumento mais apto e eficaz para a união das almas com o Senhor do que a consagração a Deus, por ser o matrimônio um sacramento e a virgindade não, pois "tudo isso é doutrina falsa e perniciosa" (Pio XII).[2]

Não os enganeis dizendo-lhes que um pai ou uma mãe de família, professando publicamente uma vida cristã, poderão conseguir um fruto espiritual maior do que se se dedicassem a Deus no mundo ou fora dele, porque o Vigário de Cristo condena isso na Encíclica que acabo de citar.

Não lhes mintais. Mentem todos os que dizem que a Igreja de agora tem mais necessidade de homens casados do que de homens exclusivamente dedicados a Deus, porque, no mesmo texto, essa posição é qualificada de "falsa e perniciosa".

Não tendes ouvido dizer que a juventude tem vocação para o matrimônio "enquanto não se demonstrar o contrário", como se fosse uma presunção determinada na lei?

Esta frase — tão prejudicialmente comum entre os pais — só pode proceder de espíritos pouco verazes e muito ignorantes. Inclino-me a pensar que é mais a ignorância do que a maldade que move a estabelecer esses princípios errôneos. São princípios teologicamente falsos e asceticamente deploráveis.

---

[2] "Tornando livre de um modo especial o coração humano (cf. 1 Cor 7, 32–35), 'de forma a inebriá-lo muito mais de caridade para com Deus e para com todos os homens' (Conc. Vat. II, Decr. *Perfectae Caritatis*, 12), a virgindade testemunha que o Reino de Deus e a sua justiça são aquela pérola preciosa que é preferida a qualquer outro valor, mesmo que seja grande, e, mais ainda, é procurada como o único valor definitivo por isso que a Igreja, durante toda a sua história, defendeu sempre a superioridade deste carisma no confronto com o do matrimônio, em razão do laço singular que ele tem com o Reino de Deus" (*Familiaris Consortio*, n. 16).

"Os pais cristãos reservarão uma particular atenção e cuidado, discernindo os sinais da chamada de Deus, para a educação para a virgindade como forma suprema daquele dom de si que constitui o sentido próprio da sexualidade humana" (*Familiaris Consortio*, n. 37).

Se continuais a pensar todos dessa forma, não haverá, com o decorrer do tempo, quem possa abençoar o sacramento do matrimônio.

Por que pretendeis dar cores de normalidade à vocação matrimonial e de anormalidade à vocação de entrega ao Senhor?

Se vos servis apenas de critérios quantitativos nas vossas apreciações, tereis de considerar anormais os santos e normais os indiferentes, os egoístas e os preguiçosos.

> Entendendo a palavra *normal* como norma, regra, medida para um fim, a dedicação a Deus é, no plano sobrenatural, a vocação mais normal de todas.
>
> O que importa ensinar às crianças [eu acrescento: à juventude, aos homens, aos pais e às mães] é precisamente isto: que vieram ao mundo para glorificar a Deus, e que no cumprimento da vontade divina reside o único caminho que conduz à felicidade. E. necessário, por isso, dar-lhes os meios adequados para reconhecerem essa vontade, e ajudá-los — formando-os, tornando-os mais rijos — a ser generosos em segui-la (Cardona).

Quantas coisas temos de aprender para mostrar à juventude o caminho da vida!

É necessário que tenhais uma preocupação muito séria pela vossa formação. A quem mo pedir, dar-lhe-ei uma lista de livros que deve ler. Não te desleixes. Por maiores que sejam as tuas ocupações, deves dedicar todos os dias algum tempo à leitura.

Poderás chamar-te cristão, se desconheces as coisas de Deus?

A que se pode atribuir, senão à falta de formação, a posição indiferente, quando não hostil — tão frequente —, em face da vocação de um filho?

Os que se chamam cristãos sentem pena, Senhor, quando Tu convidas os seus filhos a dedicarem-se plenamente ao apostolado no meio do mundo. Tu sabes bem, Jesus! Todas as mães te oferecem os filhos na hora do batismo; mas levam-nos embora depressa, não seja que aceites a oferta.

Todos estão contentes por te terem na terra, como os de Gerasa; mas hão de pedir-te que te vás embora quando, para salvar um homem, atirares os seus porcos à água.

Não vês, Pai, quantos se aproximam de ti, como o jovem rico, para saberem qual é o caminho do Reino? Mas quando o apontas, fogem de ti, porque não querem ser homens que guiam outros homens.

Quantos pais cristãos que, se pudessem escolher a vocação dos seus filhos, te ofereceriam o filho idiota! Há todo um exército de egoístas tacanhos descendentes do primogênito de Adão.

São os mesmos que, ajudando os filhos a educar-se cristãmente, começam a assustar-se quando notam que estão-se tornando "excessivamente generosos".

Que pena deve dar-te, Senhor, gritar de Belém, de Nazaré, do Sacrário, do Evangelho: "Se alguém quiser vir após Mim...", e que sejam tão poucos os que te seguem.

Pais, os vossos filhos devem consultar um sacerdote prudente e generoso antes de darem o passo definitivo para uma vida cheia de Deus e de apostolado. Vós tendes o direito — o direito e o dever — de verificar se esses impulsos juvenis de plena dedicação a Deus não são simples sonhos ou inconsciente fruto da imaginação.

Deveis verificar se são deliberações sobrenaturais. Não me parece que seja necessário insistirmos neste ponto. Sois excessivamente zelosos do amor dos vossos filhos para os deixardes ir-se embora sem pôr à prova a sua vocação.

Cuidai antes de não dificultar a vontade de Deus inventando provas inúteis ou perigosas; procurando demoras injustificadas, arbitrárias. Não luteis contra os desígnios de Deus. Agora podeis sair vencedores; mais adiante, talvez sejais vencidos, tanto vós como os vossos filhos.

"Assim deviam fazer todos os que pretendem servir o Senhor, quando veem uma alma chamada por Deus: não olharem tanto para as prudências humanas" (Santa Teresa).

Pais, com o pretexto de experimentar a vocação de um filho, não a sufoqueis.

Matar uma vocação é, pelo menos, um crime tão grande como o aborto, embora não seja punido pelo Código Penal.

Conhecem-se tantos casos! Acreditai que, nalgumas dessas provas praticadas por pais cristãos, teriam sucumbido os mais fortes dos Profetas.

Sabei que não podeis opor-vos à vocação dos vossos filhos.

Sabei também que os vossos filhos têm mais obrigação de obedecer a Deus do que a vós.

Não vos esqueçais, amigos, de que uma oposição injustificada à decisão que tomarem pode acarretar-vos o castigo do Céu.

Há pessoas que combatem a vocação divina com toda a espécie de argumentos, "mesmo valendo-se de meios capazes de pôr em perigo não só a vocação para um estado de maior perfeição, mas também a consciência e a salvação eterna daquelas almas que deveriam ser-lhes tão queridas" (Pio XII, *Ad Catholici Sacerdotii*).

"Conheço muitas donzelas que querem ser virgens e a quem as mães proíbem de me virem escutar... Se as vossas filhas quisessem amar um homem, escolheriam quem quisessem, de acordo com as leis. Ora, não se há de permitir que escolha a Deus aquela a quem se permite escolher qualquer homem?"

Estas palavras de Santo Ambrósio, dirigidas há dezesseis séculos às mães de Milão, poderiam repetir-se a muitas mães de agora.

Se vos portais assim, impedindo a vocação dos vossos filhos, sereis responsáveis por todo o bem que Deus poderia fazer através deles no mundo das almas, e que não se fará.

Não quereria encontrar-me no vosso lugar no dia do Juízo Final. Se Deus foi tão duro com o preguiçoso que enterrou o talento na terra e não o fez frutificar — castigou-o com o inferno —, que fará convosco, que roubastes o talento da vocação dos vossos filhos para que não pudesse dar fruto?

"Meu Deus, abre-lhes os olhos; fá-los compreender o que é o amor que têm obrigação de ter pelos filhos, para que não lhes façam tanto mal e não sejam acusados diante de Deus no Juízo Final, onde, ainda que não queiram, compreenderão o valor de todas as coisas" (Santa Teresa).

Não sejais avaros com Deus. Não confundais o sentido da paternidade com um título de propriedade sobre os filhos. Não confundais os termos, pois amor não é despotismo.

Se ofereceste os filhos a Deus quando eram pequenos, deixai-os agora partir em boa hora, que vão para Deus.

O nosso mundo precisa de pessoas que se entreguem a Deus. Ele quer que as haja na nossa terra. Ele necessita de almas de santos e de apóstolos, que acordem os adormecidos, lembrem os desmemoriados, arrastem os indiferentes, deem doutrina aos homens de todas as classes sociais, para que todos sirvam o Onipotente como autênticos filhos de Deus.

Rezai, rezai pelos vossos filhos! Formai-os na generosidade! Mortificai-vos por eles! Falai-lhes de Deus! Falai-lhes das almas! Falai-lhes do mundo que é preciso conquistar para Cristo!

Amai os vossos filhos como Deus nos ama a cada um de nós; DE-SIN-TE-RES-SA-DA-MEN-TE! E... tende esperança, pois, como diz um adágio italiano, se forem rosas, hão de dar flores.

Eis o que diz o Senhor pela boca do seu Vigário na terra:

> O nosso louvor paternal e alentador vai para aquelas famílias que sabem apreciar e respeitar no seu seio o dom da vocação e se consideram felizes por darem ao Senhor alguns dos seus filhos, se Ele os chamar.
>
> Que essas famílias saibam que estão preparando as mais suaves alegrias nesta terra, e sobretudo uma luminosa coroa nos Céus (João XXIII).

A Santa de Ávila diz-nos o seguinte: "Penso algumas vezes — quando os filhos se virem na bem-aventurança eterna, e a mãe tenha sido o meio — nas graças que aqueles lhe darão e no gozo acidental que esta terá ao vê-los; e como acontecerá o contrário com aqueles que, por seus pais não os terem criado como filhos de Deus, se veem uns e outros no inferno".

Se a dor é a pedra de toque do amor (*Caminho*, 439), a reação generosa em face da vocação dos filhos é uma prova da visão sobrenatural dos pais.

Não vos admireis, pois, de que Deus chame os vossos filhos — como chamou os doze Apóstolos, entre barcas, redes e mesas de cobradores de impostos — para se santificarem e exercerem o apostolado no meio do mundo através da profissão.

Não vos admireis de que Deus suscite essas vocações no meio do mundo, porque Ele deseja curar o mundo a partir de dentro, da própria raiz, dando-lhe a vida que nos trouxe quando conviveu conosco. É o que estamos vendo com os nossos próprios olhos: homens e mulheres, plenamente entregues a Deus em todas as classes sociais, em todas as atividades humanas.

Precisamente neste momento em que o mundo grita que não conheceu ainda crise tão espantosa desde que é mundo, a Igreja encontrou este reforço providencial.

Não vos admireis de que os vossos filhos, ao lerem o Evangelho, deparem com a chamada do Senhor, porque foi no Evangelho que Cristo consignou de modo claro e definido o seu convite a toda a gente, a todas as gerações: *Se quiserdes...*

Não vos admireis também de que seja a vós, pais, na vossa vida conjugal, que o Senhor vos convide a procurar a santidade por vocação, porque estas são as coisas maravilhosas que o Senhor fez no nosso tempo.

O mundo tem necessidade de filhos de Deus que vivam perfeitamente a sua vocação de cristãos. A vocação é a maior graça que se pode receber nesta terra. É indubitavelmente um dom excelente, um dom que procede de Deus, que o concede libérrima e misteriosamente; mas é um dom — direi, plagiando São Jerônimo — que foi concedido àqueles que o pediram.

A vocação é um dom que foi concedido àqueles que o quiseram, àqueles que trabalharam para alcançá-lo.

A razão é esta: todo aquele que pede, recebe.

O caminho para alcançá-lo é este: todo aquele que procura encontra.

O motivo da minha insistência é este: àquele que bate, abrir-se-lhe-á.

Falai-lhes, falai-lhes do caminho, pais! Não sejais covardes! Por que tendes medo de vos aproximar da luz? Porventura não quereis que os vossos filhos vivam felizes? Não desejais o cem por um na terra para os vossos filhos?

Então ouvi. A Madre Teresa, no seu *Caminho de perfeição*, disse-me isto: "Deus não se dá totalmente, enquanto nós não nos damos de todo... Pois se enchemos o palácio de gente baixa e de ninharias, como pode caber nele o Senhor com a sua corte? Depressa se há de enfastiar de estar entre tanto embaraço".

Não quereis que os vossos filhos sejam felizes aqui, e felicíssimos depois, no Reino dos Céus?

Ouvi, pois. São palavras do Fundador do Opus Dei, que eu te vou repetir: "Há três coisas que nos fazem felizes na terra e nos merecem o prêmio no Céu: fidelidade firme, virginal, alegre e indiscutida à fé, à pureza e ao caminho ou vocação".

Falai-lhes das almas!

> Um lar e um colégio onde os filhos não aprendem que ser cristão é ser apóstolo — com obrigação de fazer apostolado — são um lar e um colégio falhados.

Qualquer que seja o caminho designado por Deus para os teus filhos, o que é certo, certíssimo, é que Deus os quer apóstolos.

Se não formarmos os nossos rapazes com sentido apostólico, com preocupação apostólica, com fatos apostólicos..., mostramos que também nós não compreendemos o que é o cristianismo.

Depois de tudo o que já dissemos, ainda não reparaste que tens obrigação de forjar almas de apóstolo? Se assim é, também eu fracassei, pois pretendia apenas isso. Acaso não te disse, logo no início, que a educação, a formação dos filhos consiste em ajudar a que Cristo nasça e se desenvolva plenamente neles?

Sim, pais, Cristo nos vossos filhos. É isto que a vossa missão tem de grande: fazei que Cristo viva nos vossos filhos.

O vosso trabalho de pais ficará concluído, perfeitamente concluído, quando os vossos filhos enveredarem por caminhos de santidade e de apostolado.

Não me chameis exagerado, porque não o sou. Já considerastes o que Deus fez e continua a fazer no mundo das almas? Já compreendestes o que Cristo faria em nós se nos abandonássemos nas suas mãos?

Senhor, continuamos a não compreender os teus desejos!

Mestre, o teu sangue coagula nos homens sem coração!

Jesus, que compreendamos de uma vez para sempre que os filhos têm de ser perfeitos como o Pai.

Meu Deus, é que temos — não sei quantos! — milhões de lares cristãos na terra!

Que coisas não poderíamos fazer com estes milhões de lares cristãos na terra!

Santo Deus, milhões de lares cristãos!

Pais, não teremos perdão se não pusermos o mundo aos pés de Cristo!

Teremos uma enorme culpa se os filhos, depois de vinte anos no nosso lar, ainda não tiverem reparado que, para serem cristãos — homens de Cristo —, têm de ser apóstolos. Olhai que, quando falo de apostolado, não me refiro a fazer enxovais para os pobres no Natal nem a pedir esmolas para as missões. É preciso preocupar-se pelas almas dos vizinhos.

André chamou o seu irmão Pedro; Filipe, o seu amigo Natanael; a samaritana chamou a gente da sua aldeia; as mães, os seus filhos; os quatro amigos de Cafarnaum levaram o paralítico à presença de Cristo.

A maior parte dos parentes de Cristo não acreditava nele; contudo, três deles foram Apóstolos: Tiago, Simão e Judas, os filhos de Alfeu.

Silêncios de dor

> "O Senhor sabe o que cada um pode sofrer, e não para de cumprir a sua vontade naqueles a quem vê com forças" (Santa Teresa).

Agora, vou calar-me, como me pediste. Tens razão. Há momentos em que não convém falar. O silêncio é muito expressivo. Os traços grossos com que te escrevo correntemente, enquanto grito, convertem-se agora em letras que mal se percebem. Quando se fala de dor, não se pode gritar. Quando se sente a dor, fala-se em voz baixa e escreve-se com letra pequena.

Agora não tens nada que dizer aos teus filhos. Tu os beijas e lhes fazes carícias... e já lhes disseste tudo o que podias dizer-lhes. Eles te compreendem. Pela primeira vez depararam com a Dor, com maiúscula. Até o presente, tinham chorado por não poderem satisfazer um capricho, por um mal-estar físico; sempre por motivos mais ou menos egoístas, que os afetavam pessoalmente. Agora, chocaram com essa dor nova que fere e rasga de modo incompreensível: a dor moral de ver uma mãe amada — mais que todas as coisas da terra juntas — morta!

Acabas de ir-te embora. Consolaste-te desabafando a tua alma. O coração, quando se enche de dor, tem duas janelas, dois respiradouros: a boca e os olhos, falar e chorar. Tu falaste pouco e choraste muito.

— Compreendes isto?

As tuas palavras eram poucas, muitas vezes repetidas; um compêndio de toda a tragédia intensa mente vivida.

Lá estavam todos os teus filhos; a mais velha de catorze anos; a mais novinha, de quatro dias. Os rapazes em silêncio. Os pequeninos alvoroçando tudo com alegria inconsciente e pura.

Também lá estava a mãe, a tua mulher, um pouco mais além, adormecida, intensamente adormecida, com um sono profundo no corpo, do qual só há de despertar quando os séculos tiverem passado.

Outra vez o protesto dilacerante.

— Compreendes isto?

Estive prestes a responder-te aos gritos, mas o fiz em voz baixa, sem te olhar:

— Não, não compreendo.

Nenhum dos dois o compreendíamos. Calamo-nos. Era tudo o que tínhamos para dizer. Olhei para o céu. Um céu de hospital, feito de letreiros brancos e de "silêncio".

Os teus olhos encheram-se de estrelas.

— Compreendes isto?

Desta vez, disseste-me com um gesto que olhasse para os pequenos.

Entre o ruído dos caminhões que passavam ao pé da janela, escutavam-se soluços e Pai-Nossos:
"Seja feita a vossa vontade, assim na terra como no Céu."
Era o único alívio naquela pena enorme.
Corrijo o que te disse na página anterior: o coração tem três janelas quando se enche de dor: falar, chorar... e rezar. Seja feita a vossa vontade, assim na terra como no Céu.

Nunca como hoje tinha acumulado tanta tristeza num só dia. Também eu quero desabafar. Escuta-me. O que é que causa mais dor? Sofrer a separação de uma mãe morta ou a de um filho que vive afastado de Deus?
Para ti, mulher, não há dor como a tua dor. Encheste de lágrimas a grade do confessionário.
— Fiz o impossível pelo meu filho, mas ele não reage.
O tom da tua voz, as lágrimas, os lamentos, a tua dor, soavam-me a coisa conhecida. Antes de acabares de falar, caí em mim.
Sim, foi assim; a mesma queixa, o mesmo tom de voz, as mesmas lágrimas. Assim chorou Cristo sobre Jerusalém, que não correspondia à sua chamada.
Se fizeste realmente o impossível, mulher, continua a pedir ao Senhor e Rei dos reis para que Ele se compadeça de ti e do teu filho.
Súplicas, ansiedades, orações, choros, como os daquela mulher cananeia pela sua filha endemoninhada; como os de Marta pelo seu irmão morto; como os de Pedro pela sua infidelidade; como os das mães de Belém pelos filhos mortos à espada; como os de Jairo pela sua filha; como os do pai pelo filho lunático; como os do centurião pelo seu servo. Suplica, chora, reza e pede,

como os leprosos, para que o Senhor se compadeça de ti e dos teus filhos.

Há momentos na vida em que a única coisa que podemos fazer, em face dos acontecimentos que dilaceram a alma, é rezar; rezar e pedir; só rezar e rezar. Santa Maria, mãe de Deus! Rezar e pedir! Rogai por nós, pecadores, agora, agora, agora, e na hora da nossa morte!

Reza e pede e suplica, mãe. Reza, reza, pai. Rezai, rezai com os vossos filhos. Ainda que vos canseis. Continuai a rezar, suplicai. Só a oração pode fazer desaparecer os obstáculos. Deus espera que rezeis e que rezeis muito. Tendes que conseguir o que Mônica conseguiu para o seu filho.

É possível — não o sabemos — que Deus tenha previsto conceder-vos o que lhe pedis se rezais com perseverança, como aconteceu com a cananeia, com Bartimeu, com Jairo. Rezai, rezai. Deus, nosso Pai, é sempre bom. Continuai a rezar.

Maria, boa mãe! Tu que adiantaste a hora do primeiro milagre para resolver a aflição de uns noivos numa mesa sem vinho, intercede por esse filho, que não me liga, nem me obedece, nem chora, nem reza, nem pede, nem ama.

Jesus, tu que te adiantaste a curar a ferida daquela viúva, a quem a morte levara o seu filho único, repara nesta dor.

Digo-te como Jairo: "Vem, Senhor, que a minha filha morre". Imploro-te como a cananeia: "Cura a minha filha, Senhor". Grito-te com o pai do possesso: "É o único filho que tenho, Jesus. Olha que sofre muito".

Tu, Senhor, restituíste a Jairo a sua filha viva; e expulsaste o demônio da filha da cananeia; e curaste o lunático possesso.

Tu nos ensinaste a fazer oração. Torna-a eficaz neste momento. Pai nosso que estais no Céu.

Aqui na terra, estamos excessivamente perto da dor para podermos apreciar a outra face. Conhecemos apenas um dos lados da dor — o mal que nos causa. Vista da terra, a dor não tem luz; só tem espinhos e sombras.

Se pretendermos afugentá-la com um empurrão, as nossas mãos encher-se-ão de sangue, e ficaremos sem luz.

Também não basta beijar a dor; evitaremos novas feridas, mas continuaremos imersos em sombras.

É preciso abraçá-la para tocar a outra face da dor, a face que se vê do Céu. Assim as vossas mãos encher-se-ão de luz, de uma luz que desce do alto, penetra no coração e o enche de alegria.

Escrevo-te de noite, depois de um dia cheio de lágrimas. Volta a entrar pela janela o ruído dos caminhões entre soluços e Pai-Nossos. Desenha-se diante dos meus olhos a cena da mãe morta e dos rapazinhos fazendo barulho ao pé da cama. A dor é demasiada para podermos dormir. Eu não posso consolar-te, mas Deus pode. Não deixes de rezar. Mesmo que se ergam contra ti os risos dos descrentes, continua a clamar ao Senhor.

Mesmo que sintas profundamente a sensação de fracasso, nunca te queixes de Deus. Espera que se calem os gritos e as gargalhadas da multidão sem fé. Mesmo que não se tenha dissipado o obstáculo à força de oração, e a filha morra ou o filho que se foi embora pelos caminhos do filho pródigo não regresse, não culpeis o vosso Deus pela desgraça. Podeis queixar-vos diante de Deus, mas nunca vos queixeis d'Ele.

Mesmo que nada consigamos compreender, é preciso dar graças a Deus.

Cristo deixou para o fim dos tempos a explicação de todos os acontecimentos tristes da terra. Fá-lo-á dentro de alguns séculos, quando voltarmos a reunir-nos todos — a tua filha morta e o teu filho pródigo também —, quando toda a humanidade cantar o triunfo do nosso Cristo.

No último dia, os nossos olhos hão de abrir-se, e havemos de compreender a razão da dor, a razão das lágrimas, a razão da morte, a razão das heresias e das dores da Igreja, a razão das profanações, a razão pela qual o Senhor permite aquilo a que nós, os homens, chamamos coisas tristes.

Yavé diz assim: que a tua voz cesse de gemer, e os teus olhos de chorar.

As tuas penas hão de ter remédio.

Ainda te resta uma esperança; palavra de Yavé: os filhos hão de regressar à sua pátria (Jr 31, 16–17).

FAZ DELES HOMENS FORTES

Liberdade!

Este é o grito — deve sê-lo — de todos os que se sentem filhos de Deus.

Liberdade! Liberdade! É necessário reclamá-la aos gritos. Precisam dela a Igreja, os cidadãos, os pais e os filhos.

Por que consentistes que vos arrebatassem o lema da liberdade?

Paulo nos diz: Cristo nos fez livres para que usufruamos da liberdade.

O amor à liberdade teve sempre raízes cristãs. O verdadeiro amigo da liberdade é Deus nosso Pai; e depois nós, seus filhos. Amamos tanto a liberdade que preferimos a revolta à escravidão.

Quando virdes no mundo muita injustiça e, em consequência dela, muita dor, não vos queixeis de Deus. Isso é o resultado da liberdade que Ele concedeu aos homens. Deus prefere chocar com a contumácia dos leprosos a triunfar deles por intermédio do jugo. Quer que sejamos homens livres, e não escravos.

Deixareis que vos roubem a liberdade que Cristo nos alcançou com o seu sangue?

Que quereis dizer quando repetis que o homem foi criado à imagem e semelhança de Deus? Refletimos precisamente o domínio livre e soberano de Deus sobre as coisas. Como podemos ser escravos? exatamente por sermos livres que somos inteiramente responsáveis por todos os nossos atos e por grande parte dos acontecimentos que nos rodeiam. Se queres educar cristãmente os teus filhos, educa-os *in libertatem gloriae filiorum Dei*, na liberdade e na glória dos filhos de Deus.

São Paulo volta a ensinar-nos: *Ubi spiritus Dei, ibi libertas*. Onde está o espírito de Deus, aí está a liberdade.

Repara no mundo que vai converter-se em cenário da vida dos teus filhos: falsas doutrinas, correntes incertas, princípios errôneos, ideias mentirosas, erros crassos, ignorância acerca de Deus, da sua Igreja...

Repara no mundo em que os teus filhos vão viver: vontades fracas, maus exemplos, consciências torcidas e deformadas, baixezas...

Tens de prepará-los para este mundo concreto em que vivemos. Os filhos abúlicos, débeis, egoístas, mimalhos, fraldiqueiros, não servem para o mundo de hoje. Os teus filhos têm de ser cidadãos de um país, membros de uma sociedade, trabalhadores, profissionais comprometidos numa grande tarefa humana.

Os teus filhos — quanto antes, melhor — têm de ser homens que sintam na sua carne os problemas e as preocupações do seu tempo e da sua pátria.

Os teus filhos têm de partilhar dos interesses e dos trabalhos de todos os outros homens. Têm que sentir uma vontade enorme de fazer alguma coisa pelos outros. Têm de pertencer ao número daqueles audazes que arrastam, dirigem e dão soluções cristãs aos grandes problemas que se equacionam hoje em dia.

Os teus filhos — vai preparando-os — devem ser homens com opinião política, homens de critério, com uma consciência bem formada sobre os problemas sociais, econômicos e políticos do nosso tempo.

Hás de formar os teus filhos para que façam parte das minorias que dirigem a massa, pois, para saírem gregários e homens-massa, não é preciso que te preocupes muito.

Para serem espectadores passivos dos acontecimentos culturais, políticos, sociais e econômicos do nosso tempo, não se requer nenhuma formação especial. Tende em conta, porém, que as posições indiferentes são absolutamente inadmissíveis num cristão. Ainda hei de voltar ao tema antes de terminar esta carta.

Se pretendeis torná-los capazes de fazer alguma coisa na vida; se alimentais o propósito de tornar os vossos filhos cristãos responsáveis, então, pelo amor de Deus, formai-os numa liberdade santa e salutar; numa total liberdade profissional, social, econômica e política; numa liberdade de espírito plenamente conseguida.

A verdadeira educação consiste em ajudar os filhos a serem livres e autônomos, a governarem-se a si mesmos. Nunca percais de vista este aspecto. A formação dos rapazes consiste precisamente em pô-los em condições de caminharem por si sós na vida.

Ainda deparamos com paizinhos e mãezinhas que procuram por todos os meios tornar-se imprescindíveis.

Um rapaz estará tanto mais formado quanto mais arraigado tiver dentro de si o espírito e a virtude da responsabilidade. Não vos enganeis, porém: não existe uma responsabilidade universal sem uma liberdade autêntica.

Não percais de vista este aspecto. Os teus filhos precisam formar-se na liberdade, têm de aprender a mover-se à vontade dentro dela.

O salto de um internato com disciplina napoleônica para uma universidade ou para a vida de trabalho é necessariamente mortal.

É urgente preparar os teus filhos para darem o salto para a vida. Já os rapazinhos da oitava série intimidam-se ao pensar que dentro de pouco tempo têm de enfrentar o vestibular. Que espécie de formação é essa? Outra vez com o medo às voltas.

Assusta-vos a palavra *liberdade*?

Quando os pais têm medo de que a liberdade degenere em abuso, é porque não usaram dela com os filhos.

Quero dizer-vos — embora vos assuste — que os rapazes hão de abusar sempre da liberdade, se não vos preocupastes de torná-los livres.

"Em cada família reproduz-se ou tende a reproduzir-se em ponto pequeno o que acontece nos Estados" — diz um autor francês: "Os governantes começam por negar a liberdade aos seus súditos, com o pretexto de que irão usá-la mal, e depois, quando já fizeram tudo o que lhes era possível para que os súditos não pudessem aprender a servir-se dela, veem-se obrigados a conceder-lha; e têm razão ao comprovar que, de fato, o povo usa mal da liberdade".

Já passou o tempo em que tinhas de amestrar o animalzinho de poucos anos, e ficaram para trás os anos em que os teus filhos faziam as coisas "porque tu mandavas", e também já passou a época em que as faziam para te agradarem. Chegou o momento de os teus filhos se declararem independentes no pensamento e na ação. Tendem tanto biológica como psicologicamente para a maturidade e para a independência. Preparaste retamente a sua consciência para que possam escolher livremente o melhor.

Pais, falai-lhes dessa santa liberdade de que gozamos, porque foi concedida por Deus aos filhos de Deus.

Mães, cuidai especialmente de que os vossos filhos não considerem a religião como coisa obrigatória. "É necessário" — digo-vos isso com palavras do cardeal Mindszenty — "que o jovem experimente a liberdade e o esplendor senhoril dos filhos de Deus. Deve sentir-se orgulhoso de ser cristão. Não porque os seus pais também o sejam, mas porque a isso o impelem as suas mais íntimas convicções".

Os teus filhos devem formar-se cristãmente na liberdade, de modo a poderem reagir sozinhos em face do mundo pagão.

Não encontro outro inimigo da sã e santa formação da liberdade além do desaforado amor de posse dos pais.

À força de entenderdes mal o que é o amor aos filhos, acabareis por escravizá-los. Sois ditatoriais. Porventura pensais que a educação há de consistir em que os vossos filhos cheguem a absorver-se, como vós, nessa imensidão de pormenores minúsculos que vos acabrunham?

Tenho encontrado pais tão ditatoriais que pensam que têm o dever de impor aos filhos a sua opinião política pessoal. Pois sabei que não podeis dogmatizar em nada que em si mesmo seja contingente, relativo e discutível.

Pais, não podeis ter mentalidade de partido único no seio da vossa família. E há muitos pais com essa mentalidade. Acabam sempre por ser absurdamente intransigentes e dogmatizantes em todas aquelas questões que Deus deixou à livre discussão dos homens.

Sabei que a liberdade política dos vossos filhos — como a tua e a minha — não tem outros limites além da fé de Cristo e da moral da Santa Igreja.

Como é que vos lembrais de uniformizar todas as opiniões dos vossos filhos em matéria tão mutável como a política?

A política servir-te-á para os ensinares a conversar em voz baixa. Torna-os capazes de diálogo. A minha geração — não sei se a tua também — não teve formação política, nem formação social, nem formação sexual, nem educação para o diálogo, nem consciência clara do que os cristãos têm de fazer no mundo. Isto é mais uma razão para que te preocupes por incutir essa formação na nova geração.

Não sei se haverá entre os teus filhos algum com uma vincada inclinação política. Ensina-o a agir sem rancores nem trapaças; com nobreza, retidão e lealdade. É grande a tarefa que nos espera nos cargos políticos, ao serviço dos interesses e dos direitos de Cristo e dos homens.

Mas mesmo que os teus filhos não escolham a política como carreira, tens de preocupar-te pela sua formação cívica, porque todos os teus filhos devem aprender muito cedo que os cristãos, como todos os homens, têm deveres e direitos cívicos indeclináveis.

Forma-os na liberdade. Dá-lhes doutrina para que não cresçam com a ideia errônea de que a Igreja está interessada em fórmulas políticas concretas. Faz tudo o que puderes para desfazer a ideia nefasta de que os católicos deveriam unir-se numa força temporal maior. Seria uma confusão lamentável, que poderia acarretar-nos resultados catastróficos. Isso equivaleria a identificar o catolicismo com um partido político determinado, a imputar à Igreja todos os desacertos e fracassos a que estão expostos os empreendimentos humanos. Isso seria responsabilizar a

Igreja pela conduta individual dos católicos. E isso não é admissível.

Fugi do adjetivo "católico" com que qualificais as vossas opiniões!

"Fugi desse contrassenso doutrinal segundo o qual alguns querem identificar a religião com este ou aquele partido político, até ao ponto de quase declararem que os seus adversários não são cristãos" (Leão XIII).

"Entre os diversos sistemas, a Igreja não pode tornar-se partidária de nenhum. No âmbito do valor universal da lei divina, cuja autoridade se estende não só aos indivíduos mas também aos povos, há sempre campo e liberdade de movimentos para as variadas formas de sistemas políticos" (Pio XII).

A Igreja — fala-o claramente aos teus filhos — não se enfeuda a nenhum sistema científico, social ou político.

Se deves falar aos teus filhos do erro que seria considerar a Igreja interessada em fórmulas políticas concretas, deves falar-lhes igualmente do erro em que laboram os que advogam a neutralidade da Igreja nestas questões, pois, embora não marque orientações, todavia aponta limites e incompatibilidades com o dogma e a moral.

Não te canses de dar critério aos teus filhos sobre matéria tão importante. Podem existir circunstâncias de tal natureza num país, que a Hierarquia eclesiástica escolha uma solução, entre as muitas opináveis, para poder salvaguardar os direitos de Cristo e da sua Igreja nessa altura concreta. Em tais circunstâncias — verdadeiros casos de emergência —, o bem da Igreja e do país exige dos católicos uma estreita unidade de critério: é chegado o momento de conjugar o "nós", prescindindo de pontos de vista pessoais.

Fora destas circunstâncias extraordinárias, pelas quais determinado país pode passar num momento crucial da sua história, todos os católicos gozam de uma liberdade plena em matéria política. Somos maiores de idade e havemos de conjugar com responsabilidade varonil o "eu, tu, ele".

Os teus filhos devem fazer tal ideia da liberdade que nem sequer os possa surpreender que pais e filhos militem em partidos políticos contrários.

A educação cristã da liberdade depende dos pais. Se tendes receio de que a política possa introduzir escândalo, divisão ou desunião no vosso lar, a culpa é vossa; se tendes medo de que os filhos possam dividir-se por causa da política ao ponto de alimentarem ódios diabólicos, a culpa continuará a ser vossa, porque será a manifestação palpável da vossa incapacidade em formá-los na liberdade e no amor.

E, se apesar de tudo o que te acabo de dizer, te manifestares contra a liberdade, continuarás a ser um tirano que escraviza os seus filhos, um soberbo que pretende estabelecer dogmas que a Igreja desconhece, e um homem de vistas curtas, sem visão universal.

Sí, cada vez más vivo
— más profundo y más alto —,
más enredadas las raíces
y más sueltas las alas!
Libertad de lo bien arraigado!
Seguridad del infinito vuelo![1]
(Juan Ramon Jimenez)

---

1 Sim, cada vez mais vivo, / mais profundo e mais alto, / mais entrançadas as raízes / e mais soltas as asas! / Liberdade do que está bem arraigado! / Segurança do voo infinito!

Liberdade de espírito

Não tenhais medo da liberdade! Mas entendei-a bem, pois ela não consiste em abandonar os filhos aos seus caprichos.

A formação da liberdade nos rapazes exige uma sã e constante preocupação por eles. Este tema tem de aparecer nas conversas confidenciais com os vossos filhos. A liberdade — dom de Deus — é a capacidade que todos os homens têm de escolher os meios idôneos para atingirem o seu fim, que não é outro — e não pode ser outro — senão Deus.

A inteligência dos vossos filhos não está inteiramente desenvolvida. Por isso, tendes de vigiar as suas obras, para não escolherem aquilo que, com a aparência de bem, destrói a alma e o corpo.

Não te canses de lhes fazer ver que a verdadeira liberdade não pode ter outro objeto que não seja o bem.

Escolher o mal não é liberdade, é capricho. A liberdade dirige-se ao aperfeiçoamento do homem e, consequentemente, tem por objeto a verdade e o bem.

Explica-lhes como a liberdade dos homens custou caro a Cristo. Pagou-a com o seu sangue. Não tomeis *a liberdade como pretexto para servir a carne* (Gl 5, 13).

A liberdade reside na própria vontade que escolhe. A liberdade reside numa vontade que age iluminada pela inteligência.

Como é importante que os teus filhos tenham uma grande clareza de ideias para poderem fazer bom uso da liberdade! É a inteligência que ilumina o caminho, e há de ser a vontade que adere à luz.

Os obstáculos para a autêntica liberdade de espírito são a ignorância, por um lado, e as paixões, que obscurecem a inteligência e debilitam a vontade, por outro.

Entendidas as coisas deste modo, compreendo perfeitamente a frase daquele meu amigo que dizia: "Prefiro que saiam maus a que saiam tolos".

Se saírem tolos, parvos ou ingênuos em face da vida, é em grande parte por culpa tua. As ingenuidades pagam-se caro.

Vontade e decisão

Educam-se tantos rapazes nos nossos colégios! Instruem-se e educam-se durante longos anos. E, contudo, quando deixam o colégio e começam a enfrentar as realidades da vida adulta, oferecem-nos um triste espetáculo.

Alunos que nos colégios eram modelos de disciplina, de sentimento piedoso, cumpridores e escrupulosos na sua vida religiosa, constituem muitas vezes um autêntico fracasso; uns abandonam a vida de piedade, deixam a Missa e os sacramentos, e mesmo o cumprimento do preceito pascal; outros chegam a perder a fé e tornam-se incrédulos.

Procura-se explicar este fenômeno culpando o meio ambiente que rodeia os nossos jovens... Isto, porém, não faz mais do que conduzir-nos a outra pergunta mais profunda: por que é que os jovens católicos, que estiveram durante tanto tempo submetidos a uma educação religiosa e deram sinais tão evidentes de aproveitamento, sucumbem tão rápida e completamente ao meio ambiente?

O fato só pode ser explicado pela falta de firmeza, pela falta de energia ou de caráter nos jovens. A educação escolar não deixou de proporcionar às suas almas conhecimentos religiosos e morais, acompanhados de inúmeros exercícios de piedade. Contudo, por uma razão ou por outra, o ensino nunca penetrou no íntimo dos seus espíritos.

Não se conseguiu que os princípios religiosos e morais informassem viva e eficazmente as suas vidas. As devoções do colégio, praticadas com regularidade, ao toque do sino, não se converteram em hábito. Logo que se deixou de ouvir o sino e de marchar em fila para a capela, o conjunto destas práticas religiosas foi fraquejando gradualmente e acabou por ruir inteiramente. A avaliar pelos resultados, é lícito perguntar se de todo esse afã de educação veio algum bem ao mundo.

... Tais jovens foram considerados muitas vezes, enquanto estiveram no colégio, alunos exemplares e edificantes. Esta circunstância leva-nos a pensar seriamente... se é desta espécie de disciplina que precisamos para fortalecer a juventude.

A estas palavras do padre Hull gostaria eu de acrescentar que a formação interior dos rapazes não está em proporção direta com as horas que passam obrigatoriamente na capela.

Está bem que se procurem fomentar os hábitos mecânicos de tudo o que for suscetível de destreza e de habilidade na execução de atos externos; deve-se ter em conta, porém, que há coisas muito mais importantes: a formação da vontade, a aprendizagem da decisão pessoal.

Com missas obrigatórias e comunhões gerais poderemos resolver o problema das estatísticas — que, graças a Deus, nos são completamente indiferentes —, mas não o da formação dos rapazes.

Em breve a vida se abrirá aos olhos dos vossos filhos, sem valas, sem grades, sem cercas, sem paredes; terão de haver-se com uma liberdade sem limites, governada apenas pelo primeiro dos Mandamentos da Lei de Deus.

Os vossos filhos, à volta dos quinze anos — pretender torná-los plenamente responsáveis aos doze seria estar fora da realidade —, à medida que for nascendo neles o sentimento da intimidade e a consciência da liberdade, devem saber que ninguém irá resolver-lhes os problemas; devem saber que em breve terão de conjugar o "eu" na sua atuação em todos os terrenos; devem estar dispostos a fazer sempre aquilo que for justo; e além disso, diretamente, sem compromissos, sem concessões, sem transigências, sem respeitos humanos, sem se encolherem, sempre dignos.

Conheceis a frase de Berryer, um dos advogados mais famosos de há trinta anos. Num processo em que se jogavam grandes interesses monetários, aquele homem extraordinariamente probo negou-se a defender uma causa que não lhe parecia justa. Houve quem se admirasse da sua intransigência. "O senhor não tinha senão que curvar-se para apanhar vários milhões". "É verdade" — respondeu Berryer —; "mas tinha que curvar-me".

Não tenhais medo de fomentar orgulhos santos nos vossos filhos. "A humildade e a impetração do auxílio divino" — dizia Pio XII — "são perfeitamente compatíveis com a dignidade, com a segurança de si mesmo e com o heroísmo".

"Assusta o número de qualidades que os nossos métodos de ensino deixam estéreis, porque nem sequer as adivinhamos. Sem dúvida, se estivéssemos mais bem informados, teríamos menos ocasiões de nos escandalizarmos com os êxitos da vida adulta, que causam surpresa aos pessimismos que tínhamos formulado sobre crianças que conhecíamos mal" (Le Gall).

"A falta de amor-próprio" — diz-nos Kieffer — "e de uma sã estima de si mesmo quebra os impulsos da alma, mata o espírito de iniciativa, cria seres passivos e inertes".

Ajudai-os a confiar em si mesmos — sem presunção —, a confiar razoavelmente. Não vacileis em ponderar as suas qualidades — todos as têm — e os seus progressos; precisam do apoio dos seus bons amigos, os pais. Mostrai-lhes os talentos e as possibilidades que Deus lhes depositou na alma e ficareis maravilhados com os resultados.

Não vos limiteis a aconselhá-los a ser audazes, empreendedores e homens de iniciativa.

Não basta provar-lhes que é feia a conduta dos insinceros, dos pouco nobres, dos mentirosos, dos ruins e dos covardes.

A capacidade de decisão não aparecerá neles só por lhes falares do dever, ou do amor aos pais, ou da obediência aos superiores.

Não basta o simples adestramento mediante regras mecânicas e rotineiras.

É necessário formar-lhes convenientemente a cabeça e o coração.

Deveis ensinar-lhes os princípios teóricos que hão de reger a sua atividade humana.

Devem saber — e depressa — o que querem fazer, aonde querem chegar, com uma vontade autêntica. Uma vontade que não envolva toda a alma é uma vontade ineficaz.

Dai-lhes oportunidade de demonstrarem a si mesmos quanto pode fazer um homem disposto a colaborar em tudo com a energia que Deus dá mediante a sua graça.

Ensinai-os a purificar a intenção, a oferecer os trabalhos diários a Deus sem amputarem nem quebrarem o entusiasmo, orientando as coisas humanas para o seu fim próprio e essencial.

Dai-lhes oportunidade de exercerem a faculdade de decisão. Neste "querer querer" dos rapazes, a ajuda dos pais limitar-se-á a apresentar soluções, mas nunca a suprir as decisões pessoais dos filhos.

Criai situações em que os filhos tenham alguma coisa a dizer.

E depois de tomarem uma decisão livre, exigi-lhes a sua execução rápida e imediata, sem permitir que voltem a levantar novamente os problemas como os indecisos.

"Eu não quereria" — diz Santa Teresa às suas filhas — "que fôsseis mulheres em nada, nem que o parecêsseis; quereria que fôsseis varões fortes; porque se elas cumprem o que devem, o Senhor as fará tão varonis que espantem os homens".

Eu quereria que tu e os teus filhos compreendêsseis que a boa vontade não basta quando as coisas só se podem levar a cabo com coragem.

Autodomínio e mimos

> "É desonra do pai ter gerado um filho indisciplinado" (Eclo 22, 3).
> "O rapaz mimado é a vergonha da mãe" (Pr 29, 15).

Pais, deveis pensar que bem cedo tereis de separar-vos dos vossos filhos. Se esta perspectiva vos entristece, é por causa disso a que chamais amor, mas que é egoísmo.

Se os educais para vós, estais a perder o tempo; perdereis os filhos e, possivelmente, causareis a perdição deles mesmos, porque educastes mal os homens do futuro.

Não se trata de "conceder" alguma liberdade aos filhos; nem sequer de que essas liberdades sejam muitas. O problema é muito mais profundo. A questão consiste em que os vossos filhos vivam o sentido da liberdade.

Só os homens que se autodominam podem ser homens livres. O sentido da liberdade não pode existir em jovens escravos dos caprichos pessoais. A liberdade, em primeiro lugar, liberta-nos dessa escravidão.

A liberdade opõe-se tanto ao autoritarismo dos pais como ao mimo que escraviza os filhos.

Mãe, amas os teus filhos com um amor todo feito de açúcar, com um amor que é uma mistura de ternura e de melaço.

O amor, se é autêntico, deseja o bem da pessoa amada; por isso é feito de compaixão e de coragem, de paciência e de intransigência, de compreensão e de firmeza.

O mimo não é amor, é frivolidade. No amor, damo-nos; no mimo, procuramo-nos. Mimar é procurar compensações no amor.

Pais, o mimo é um dos vossos males. Aqueles que tiveram de lutar a sério na vida, de transpor barreiras e obstáculos sem conta, de suportar cotoveladas e pancadinhas nas costas de amigos e inimigos, todos esses pretendem fazer da vida dos filhos uma vida fácil. Trata-se de um daqueles erros que se pagam caro aqui na terra.

Também vós, que fostes educados autoritariamente, correis o mesmo perigo, porque, por reação contra os excessos sofridos, pretendeis adocicar excessivamente a vida dos vossos.

Dais a eles todas as comodidades; evitais-lhes toda a espécie de imprevistos e dificuldades; se pudésseis — mães fracas — sofreríeis em vez deles; prodigalizais-lhes mimos que debilitam a sua vontade; satisfazeis todos os caprichos. Com o pretexto de os protegerdes, negais-lhe as mais pequenas ocasiões de adquirirem experiência. É lá convosco!

Os mimos, as carícias, os dengos, as beijocas contribuem para fazer de um rapaz normal, que pode ir longe na vida, um ser absolutamente inútil.

Se os teus filhos não aprendem hoje a dominar-se na batalha dura da puberdade, haveis de vê-los amanhã convertidos nuns farrapos sem força, sem autoridade, à mercê de todas as ondas, de queda em queda, de fracasso em fracasso. Nem o dinheiro, nem o nome, nem a posição social, nem o talento terão força suficiente para calar o grito da consciência. Será que foi para isso que os trouxestes ao mundo?

Não procureis garantir aos vossos filhos uma vida fácil; é necessário temperá-los, para que possam arrostar uma vida dura. Habituai-os ao esforço. Habituai-os mais a querer do que a desejar.

"Se o homem não tivesse tido de lutar contra o frio" — diz Chevrot — "ainda hoje viveria em cavernas".

A vida dos vossos filhos será bela se, em face da adversidade e em face da contradição, mostrarem esforço, luta, renúncia, vitória, superação.

Se quereis torná-los livres, tornai-os fortes. Quando os virdes sofrer, não vos deixeis comover. Não lhes mintais quando os levardes ao médico. Não tenhais receio de lhes exigir esforços. Confiai na sua rijeza. Estimulai o heroísmo latente que reside na alma de todos os rapazes.

Os rapazes, no colégio, não choram por causa do ardor do álcool na ferida; choram em casa, quando a mãe junta ao álcool um "pobre filhinho, como sofre!".

Preferis uma educação viril? Então tomai nota. Uma hora certa para se levantarem.

Uma hora certa para se deitarem.

Mais chuveiro frio do que banho quente para se lavarem.

Se o rapaz não está doente, que coma o que lhe põem na mesa, sem contemplações.

Não há desjejuns nem leituras na cama.

Na cama, qualquer espécie de bolsas de água quente está sobrando.

É inadmissível que os rapazes peçam às empregadas aquilo que podem fazer por si próprios.

Os meios de transporte para ir ao colégio são os pés, o metrô e o ônibus; quando muito, a bicicleta; mas nunca o carro do papai, "não seja que o menino se atrase".

Ensina-os a acabar bem as coisas. É um aprendizado que custa, possivelmente uma das artes mais difíceis de praticar.

E... joga-os na água — onde não for preciso um homem-rã para tirá-los —; mas joga-os na água.

Pede ao Espírito esse dom de fortaleza para os teus filhos: ele acrescentará à rijeza humana, que vão adquirindo com o esforço repetido, uma alegria e uma facilidade que revelam o auxílio divino.

Mas se o que tu procuras é uma educação mais de acordo com os teus caprichos, transcrevo-te umas linhas que foram escritas a sério, ainda que soem a brincadeira: "Parece-nos que o corno da caça é o instrumento mais adequado para acordar as crianças" — diz o Diretor da Nova Escola de Aquitânia. "Começa-se o acordar por uma alvorada quase imperceptível, como se o alento mais se insinuasse no instrumento; pouco a pouco, aumenta-se a intensidade das notas; muito depois, toca-se e volta-se a tocar; e os rapazes ouvem ao fim dos sonhos a mesma música com que se anuncia o seu despertar. Sem comoções, sem sobressaltos, sem estridências, nasce a vida na escola como o sol no horizonte...".

Se queres divertir-te com o novo método, compra um corno de caça; mas se o que tu pretendes é que os rapazes se levantem, deixa-o cair sobre eles. O acordar sempre há de ser aborrecido.

É preciso tomar os rapazes a sério; não são brinquedos dos pais. Mas também não podem ser brinquedos deles próprios. Todos os rapazes têm um rei na barriga; um rei que não se deve matar nem escravizar; um rei que, embora educado em liberdade, deve estar ao serviço dos outros. Uma vida de mimo e de capricho transforma esse rei no protagonista, na personagem importante, no centro do mundo familiar: outro erro perigoso e insuportável.

Agora que os teus filhos vão ganhando gosto pela leitura, oferece-lhes *Caminho* e deixa-o aberto no ponto 295: "Se não és senhor de ti mesmo, ainda que sejas poderoso, dá-me pena e riso o teu senhorio".

Liberdade! Domínio de si mesmo! Disciplina! Vontade! Se o que pretendemos é fazer dos teus filhos homens com senso de responsabilidade, convence-te de que precisam de muita liberdade, de capacidade de deliberação, de decisão e de uma vontade forte.

Homens de bem

Eis o conselho de Paulo a Tito, aos servos e aos seus filhos: "Demonstrai em todas as coisas uma lealdade perfeita".

Como imagino os teus filhos?

Imagino-os leais, sinceros, laboriosos, generosos, valentes, de olhos límpidos, de olhar amplo, decididos, resolutos, tenazes, sempre alegres, voluntariosos, com muitas virtudes humanas enraizadas direta e indiretamente nas virtudes cardeais; íntegros em toda a extensão da palavra, na conduta e na ação; fiéis no exercício da profissão e apóstolos no seu campo profissional.

Que alegria dá ver os pais ocupados em fomentar nos filhos a sociabilidade, a sensibilidade, o bom gosto, a elegância, a delicadeza no trato mútuo, a educação e o civismo!

E que pena dá pensar nos pais quando se veem os filhos destruir tudo quanto têm ao alcance da mão no campo! Porventura não lhes dissestes para quê Deus fez as flores?

Todas as faculdades naturais dos vossos filhos devem ser desenvolvidas. Tendes de ajudá-los a aperfeiçoá-las, relacionando-as com a vida sobrenatural, com a vida interior. É assim que se enobrece a própria vida humana. É assim que se consegue um apoio mais eficaz, não apenas de ordem espiritual e eterna, mas também para a ordem material e temporal.

Não combinamos que é preciso fazer dos teus filhos homens autenticamente cristãos? Porventura conheces algum homem cristão que não pretenda com todas as suas forças ser santo e apóstolo?

Vamos ler juntos uma página sobre a formação humana:

> Por dois motivos devemos procurar adquirir as virtudes morais: primeiro, porque são um elemento da luta ascética, normalmente necessário para se atingir a

perfeição; e, depois, porque são meio pata exercer um apostolado mais eficaz.

A propósito do primeiro aspecto, convém lembrar que as virtudes morais ou naturais são como que elementos necessários e prévios, como que matéria tosca suscetível de elaboração, como que forças capazes de serem captadas e transformadas em energias superiores.

... Na luta ascética, o desenvolvimento das energias naturais precede, obviamente, na ordem lógica, o das virtudes sobrenaturais; na ordem da ação, porém, os dois desenvolvimentos são simultâneos e conexos. Daqui se deduz que as virtudes naturais — todas elas parte integrante ou potencial de alguma das quatro virtudes cardeais, que para qualquer homem são consequência do reto uso da razão, e que os cristãos recebem com o batismo, elevadas ao plano sobrenatural pela graça — não são apenas um instrumento de luta ascética e de aquisição das virtudes sobrenaturais; para a alma em graça, são ao mesmo tempo uma consequência da caridade.

Deste modo se explica que a Igreja exija aos seus santos o exercício heroico não só das virtudes teologais, mas também das virtudes morais ou humanas; e que as pessoas verdadeiramente unidas a Deus pelo exercício das virtudes teologais se aperfeiçoem também do ponto de vista humano e afinem os seus modos, sendo leais, afáveis, corteses, generosos, sinceras, precisamente porque depositaram em Deus todos os afetos das suas almas.

... No termo da luta ascética, quando se vive unido a Deus, é possível viver sobrenaturalmente as virtudes humanas: com simplicidade, dia a dia, com naturalidade sobrenatural.

... Se, conforme se disse, o exercício das virtudes sobrenaturais — como parte da formação humana — é necessário para se atingir a perfeição, a santidade..., deve--se lembrar agora que esse exercício é também necessário como arma de apostolado, concretamente do apostolado do exemplo. Basta citar a este propósito as luminosas palavras de Pio XII: "Se é verdade — e indubitavelmente o é — que a graça sobrenatural não destrói mas aperfeiçoa a natureza, o edifício da perfeição evangélica deve basear--se nas próprias virtudes naturais. Antes de um rapaz se tornar exemplarmente religioso, tem de procurar fazer-se homem perfeito nas coisas habituais e cotidianas: não pode subir aos cumes dos montes se não for capaz de andar com desenvoltura pelo chão. Deve, pois, aprender e manifestar na sua conduta a dignidade própria da natureza humana: deve vestir-se e apresentar-se com decoro, ser fiel e veraz, cumprir a palavra dada, vigiar os seus atos e palavras, respeitar toda a gente, não violar os direitos alheios, ser paciente, amável e, coisa muito mais importante, obedecer à lei de Deus. Como se sabe, a posse e a formação das virtudes naturais dispõem para uma dignidade sobrenatural da vida, sobretudo quando alguém as pratica e cultiva para ser bom cristão ou arauto e ministro idôneo de Cristo".[2]

Queira Deus que não aniquiles, que estimules, que sobrenaturalizes todas estas virtudes humanas em ti e nos teus filhos; que te esforces por introduzir os teus, ordenadamente, no mundo das relações humanas, porque são muitos, muitíssimos, incontáveis, os jovens que fracassam, não tanto pela carência de conhecimentos como pela falta dessa sabedoria elementar a que normalmente chamamos sociabilidade.

Veracidade

"Luta pela verdade até à morte, e o Senhor Deus combaterá por ti" (Eclo 4, 33).

---

[2] Álvaro del Portillo, "Formación humana del sacerdote", in *Nuestro Tiempo*, n. 17, pp. 7–9.

Os rapazes mentem? Examinai-vos pormenorizadamente e culpai-vos a vós mesmos: corrigi-vos, que eles também se corrigirão.

Em geral, se mentem, é em legítima defesa, ou como escudo contra o chicote. O rapaz que confia plenamente nos pais e nos professores não mente.

A mentira vive nos rapazes quando no lar reina a desconfiança.

Os rapazes nascem sinceros. A maior parte das vezes, mentem por terem medo dos pais. Se os pais se corrigem, também eles se corrigirão. Ou mentem por imitação. Maior razão para vos corrigirdes.

Não procureis tentar os rapazes para verificar se mentem. É um defeito em que todos os pais caem. Quando souberdes que o vosso filho originou uma catástrofe, mostrai que sabeis o que ele fez; dai-o por subentendido, mas não pergunteis com cara de pai bondoso se foi ele o autor da façanha. Nunca os coloqueis em transe de mentir. Antecipai-vos, para que não cheguem a mentir. E nunca chameis o vosso filho de mentiroso diante dos outros; é uma humilhação demasiado forte para ele. Assim perdeis a confiança dos filhos.

"Seja o nosso sim, sim; e o nosso não, não." Este é o lema de um colégio, inscrito num reposteiro cheio de cruzes e de corações. Este pode ser também o lema do teu lar. A lealdade — esse cumprimento fiel das leis da fidelidade, da honra e da hombridade — deve presidir às relações dos rapazes com Deus, com os professores, com os companheiros, com os pais, consigo mesmos.

Aprendemos a lealdade e a honradez vendo lealdade e honradez à nossa volta. Quando sorteares alguma coisa entre os teus filhos, não anotes o número num papel para depois poderes exibi-lo como prova. Limita-te a pensar o número e a dar o prêmio a quem tiver acertado. Queres crer — e também eu sou honesto na afirmação — que, durante estes oito anos em que tenho vivido entre rapazes, nunca ninguém se lembrou de pensar que eu podia mentir e dar prêmio a quem não tivesse acertado?

A força do ambiente! Garanto-vos, pais, que criareis esse clima de veracidade no lar se amardes, se praticardes essa virtude humana.

Voltei para a aula depois do intervalo em que os rapazes tinham estado a correr pelo parque.

Ao ver entre os garotos o novo aluno que tinha entrado para o colégio no segundo trimestre, lembrei-me de lhe ter dito que ficasse na aula durante o intervalo, para concluir determinado trabalho. Inocentemente, perguntei-lhe por perguntar:

— Ficaste trabalhando?

— Fiquei, sim — respondeu secamente da carteira.

E não pude começar a explicação. Ninguém olhava para mim. Cinquenta olhos se fixaram no calouro.

Foi coisa de um instante, porque, um segundo depois, os cinquenta olhos se voltavam para mim.

Compreendi o que queriam dizer:

"Esteve brincando!"

Eu correspondi à mensagem respondendo-lhes também com o olhar:

"Não vos preocupeis. Acaba de chegar. Não conhece o nosso costume do *sim, sim; não, não!* Deveis desculpá-lo."

Sim, todos tinham de perdoar-lhe, porque a todos tinha ofendido.

Laboriosidade

> "Que não viva entre nós nenhum cristão ocioso. Se não quiser mudar, é um traficante de Cristo. Estai de sobreaviso contra esses" (Doutrina dos Doze Apóstolos).

Os homens foram criados para trabalhar. Não podemos fugir ao trabalho sob pena de fugirmos ao dever imposto por Deus. A laboriosidade é para os pais e para os filhos o caminho habitual de santificação; o que não se pode conseguir é a santidade através do descanso habitual.

É preciso trabalhar muito e bem, por duas razões: por causa do bem comum e por causa do bem individual.

Tu e os teus filhos haveis de acometer os trabalhos da vida com esta ideia santa: o homem deve fazer as coisas cada vez mais perfeitas, contribuindo deste modo para o progresso humano, mas ao mesmo tempo deve aperfeiçoar-se a si mesmo no trabalho, cumprindo assim o plano divino a respeito das coisas e dos homens.

"A desgraça do mundo contemporâneo reside em que, enquanto a matéria morta sai da oficina enobrecida, a pessoa vulgariza-se nela e perde valor" (Pio XII).

O trabalho sério, honesto, ordenado, feito com consciência, santifica o trabalhador.

As faltas de vontade, as vacilações, a preguiça, os desânimos, as demoras são as pedras de tropeço no caminho da santidade por meio do trabalho.

Ensinai os vossos filhos a terminar bem as coisas. Nas estradas de muitas almas encontramos o sinal de "pavimento provisório" pelos séculos dos séculos.

O "assim já dá" é a antítese da perfeição. O "assim já dá", é por definição, deixar as coisas por acabar.

É contrário ao espírito de Cristo, que fez todas as coisas bem-feitas. É a praga que destrói a colheita das boas obras.

Devemos executar perfeitamente as coisas sob o aspecto humano, para que sejam aceitáveis sob o aspecto divino.

Se as deixarmos a meio, nunca chegaremos a santos.

O "assim já dá" brota dos nossos lábios quando trabalhamos sem gosto. Como é importante trabalhar com entusiasmo humano! O entusiasmo humano é o primeiro passo para a perfeição humana, e esta é a ponte obrigatória para a perfeição divina.

Interessai o rapaz nas coisas que quereis que ele aprenda.

Nem o "assim já dá", nem extremismos inúteis. Há muitos pais bons que nunca deixarão rasto nos seus filhos, nem nos outros, pela esperança falsa que os anima a melhorar cada vez mais os seus projetos, quando o que é necessário é que os ponham em prática. É necessário acabar as coisas o mais perfeitamente possível, mas temos de acabá-las!

Há um meio de incutir a virtude da laboriosidade nos filhos: o exemplo. A laboriosidade passará a fazer parte do espírito dos teus filhos... por contágio!

Falo de trabalho, não apenas de estudo, porque os vossos filhos devem trabalhar. A ideia que alguns fazem do "menino" que não contribui com nada para a família até aos 29 anos deve desaparecer.

Não é conveniente trabalhar, nem na cidade nem no campo, antes dos 14 anos; todos hão de passar pela escola. Os moleques devem saber, porém, que a família progredirá com o esforço de todos, dos grandes e dos pequenos. Se queremos dar-lhes sentido de responsabilidade, é necessário que ganhem algum dinheiro. O contrário seria educá-los mal.

Não deveis falar-lhes, com o tom e a frequência com que o fazeis, dos vossos problemas de dinheiro; mas deveis dar-lhes a conhecer a situação econômica da família.

Se não existem apertos, que trabalhem do mesmo modo, pelos outros.

Que as filhas saibam que Deus as trouxe ao mundo para alguma coisa mais do que o casamento; para serem mães, por exemplo. Ora, ser mãe exige preparação.

A maior parte das meninas "da alta" — à força de não fazerem nada —, ficam tolas, com todo o lastro que provém do ócio e da estupidez.

E os estudos dos rapazes?

Estas são as grandes preocupações de muitos pais de agora: que o rapaz passe de ano! Nisso se resumem as grandes preocupações dos progenitores. Pobres diabos.

A minha primeira desilusão de educador foi encontrar uma mãe que me dizia: "Acho muito bem essa formação humana e sobrenatural que pretendem dar ao meu filho, mas a única coisa que me interessa é que o rapaz vá passando nos exames".

Eis um dos aspectos lamentáveis da falta de formação dos pais. As notas, as classificações, as informações e, de modo especial, os exames, são para os pais uma coisa em que se joga a honra da família. Não façais tragédia com os pequenos fracassos escolares dos vossos filhos. Para esta espécie de pessoas, os exames assemelham-se a um julgamento no tribunal.

Os pais pretendem que o filho estude para que eles fiquem bem; o filho estuda para passar.

Não se repara que alguma coisa está errada nisso?

Mesmo no professorado, não é difícil encontrar homens que fundam a sua autoridade científica no número de reprovações que distribuem anualmente. Ainda não reparaste que, para um professor que passa o dia com os alunos e que tem por missão ensinar a estudar, uma reprovação é um pequeno fracasso para ele mesmo, duas reprovações são dois pequenos fracassos e muitas reprovações são inúmeros pequenos fracassos que formam um fracasso enorme?

Por que não se pensa com certo vagar sobre o que se pretende fazer com os estudos dos rapazes?

Não vedes essas listas horríveis de coisas que os pobres moleques têm de aprender de cor para ficar bem num exame?

Acreditais, porventura, na mineralogia que nos obrigaram a estudar quando éramos pequenos?

Para muitos rapazes do meu tempo, D. Pedro I nascia na Serra da Mantiqueira e ia desaguar na Bahia. Não sei se acontece o mesmo com os rapazes de agora.

Na aula de literatura — não sei se o leitor tem as mesmas recordações —, ensinaram-nos um pouco de cada autor famoso: um pouco da sua vida (onde nasceu; se casou ou não casou; se triunfou, se antes de morrer caiu ou não pela escada abaixo), e muitos títulos para dizer rapidamente quando no-los perguntassem no exame. Verdadeiramente sensacional e monstruoso!

Para o quadro de honra era necessário saber o resumo de cada uma das obras que, claro está, não se tinham lido. E todos felicíssimos da vida!

Deixando de lado os programas que os filhos têm de aprender para o exame, os pais devem preocupar-se

com estas quatro coisas, que são as mais necessárias nos primeiros anos dos estudos:
1º: aprender a ler;
2º: aprender a falar;
3º: aprender a escrever;
4º: aprender a estudar... em duas línguas, para que nos dezesseis anos seguintes da vida leiam, falem, escrevam e estudem sozinhos, sem guarda, sem "espingarda", sem ameaças, sem professor particular.

Não podeis gastar o dinheiro em luxos inúteis e prejudiciais.

Não quereis garantir-lhes o futuro? Então habituai-os ao esforço.

Se um rapaz que frequenta uma escola ou um colégio precisa de um professor particular para passar de ano, que deixe de estudar. Há mil e um processos diferentes de perder o tempo.

Se o rapaz sabe que, ao chegar em casa, lhe repetem os temas até que os aprenda, por que há de estar atento nas aulas?

São esses — os que têm professor particular — os mesmos que depois, ao entrarem na universidade, perguntam se o que "vem escrito em letra miúda também é para saber".

Os pais devem ter a humildade de perguntar aos professores o que se pode exigir dos filhos. Devem prestar-se a essa colaboração para o bem deles.

Quanto à eficácia dos procedimentos para que os rapazes enveredem por caminhos de laboriosidade, tão prejudiciais são os modos melosos dos que transigem com tudo como a inflexibilidade absoluta dos que nada compreendem.

É necessário propor a cada filho uma meta definida de acordo com os professores. Nunca é bom compará-los com os outros irmãos, nem com os primos, nem com os vizinhos, que nada têm a ver com o caso.

Entre os filhos, pode haver alguns que sejam sentimentais e nervosos, e para esses a severidade — pelo que dizem os pedagogos — é inadmissível porque é contraproducente. Mas a severidade deve ser levada à risca com os amorfos, a quem não se deve dar qualquer possibilidade de fuga. O remédio para os amorfos é fechá-los num corredor: "De um lado, devem encontrar o esforço despendido e as recompensas práticas ou morais que se seguem ao seu cumprimento; do outro, devem pressentir a reprovação e a sanção. O seu espírito objetivo decidi-los-á a seguir o bom caminho" (Le Gall).

A melhor coisa para um amorfo será sempre um internato. Tudo menos uma mãe que lhe dê mimos.

Nunca se devem comparar uns filhos com os outros; não existe termo de comparação possível. Devem comparar-se consigo mesmos.

E não sejais ingênuos: não vos apresenteis como exemplo aos vossos filhos, para que não se repita convosco a cena que presenciei um dia:

As informações que vinham do colégio não eram muito de louvar. Havia apenas uma nota boa: a de desenho. As vermelhas eram a regra. O pai estava visivelmente irritado. O rapaz lacrimejava.

— Eu, na tua idade, estava sempre no quadro de honra! Que me dizes disto? Fala, diz alguma coisa.

E realmente o rapaz disse, entre soluços:

— Vou dizer o mesmo aos meus filhos.

Os pais devem ter também este cuidado: fomentar nos filhos alguma outra inclinação além do estudo.

Se os rapazes não dispõem de tempo para isso, é que o horário de trabalho está mal orientado.

Tão desfocado anda o trabalho de um pai que não arranja tempo para a mulher e os filhos, como o estudo de um rapaz que não tem tempo livre para ler, ouvir música, pintar e dedicar-se a qualquer trabalho manual ou esportivo.

Se o estabelecimento de ensino em que os vossos filhos estudam não fomenta atividades diversas, para que os alunos ganhem gosto por alguma coisa com que possam distrair-se no dia de amanhã e ocupar o tempo morto, fazei-o vós.

Nem só de pão e de estudo vive o homem.

DEIXAI-OS IR-SE EMBORA

Chegou a hora

Não posso terminar esta carta sem te falar uma vez mais do mundo, cenário da futura atividade dos teus filhos.

Chegou a hora de deixá-los caminhar pela vida, depois de imprimirdes fortemente na vida deles alguma coisa que é mais do que uma palavra, que é um modo de vida: a responsabilidade.

Com lágrimas nos olhos, ou pelo menos no coração, vereis partir os vossos filhos pelo caminho traçado por Deus desde a eternidade. Vão com passo firme, sem voltar a cabeça para trás. Vão cheios de juventude, com o otimismo são que brota de toda a autêntica vida cristã.

Vós dois ficareis sempre com a pequena angústia de não saber se fizestes tudo o que estava ao vosso alcance para os tornardes mais homens, mais cristãos, mais santos.

Não posso resolver-vos o problema. No último dia, quando para vós tiver terminado o tempo, quando tiverdes abandonado definitivamente o lar para entrar na eternidade feliz, vereis com luzes claras tudo o que fizestes e tudo o que Deus tinha determinado que fizésseis.

Mas confiai, confiai em Deus-Pai, que continuará a velar pelos vossos filhos. Confiai na ajuda poderosa do Anjo que há de acompanhar os vossos filhos pelos caminhos da terra.

As palavras do Arcanjo Rafael a Tobias que, como tu, se encontrava cego e preocupado à hora de despedir-se do filho, foram estas: "Não temas, eu vou com ele; e o caminho é seguro".

E quando a tua mulher chorar, como Ana, mulher de Tobias, também chorou, como choram e devem chorar todas as mulheres da terra, diz-lhe: *Não temas por ele; porque um anjo bom o acompanha no caminho, e será feliz na viagem, e voltará são* (Tb 5, 22).

Mas... o teu filho anda a preparar as coisas para ir-se embora; há pouco tempo, e eu gostaria de lhe dizer alguma coisa que não tive tempo de dizer a ti. Decide-te. Ou o dizes tu, ou deixas-me dizê-lo a mim, porque não gostaria que se fosse embora da tua casa sem me ouvir.

Por que não haveis de me ouvir os três? Chama a tua mulher e o teu filho antes de que ele se vá embora com o seu Anjo.

Descristianização?

"É necessário que Ele reine até ter todos os seus inimigos por escabelo dos seus pés" (1 Cor 15, 25).

Ouvimos a todas as horas este grito: "O mundo está a descristianizar-se". O ambiente está a descristianizar-se; descristianizam-se as instituições, os lares, os costumes, os povos.

São gritos sinceros que brotam de almas vergadas sob o peso da responsabilidade.

Estamos atravessando a crise mais forte que os séculos conheceram, dizem os sociólogos e os pensadores.

Nunca como agora se tinha assistido à apostasia das massas operárias!

Perdeu-se a consciência do pecado, acrescentam os teólogos.

Eu, pela minha parte, acrescentarei que a crise que afeta o nosso tempo é realmente grandiosa e universal. Não são apenas os católicos que sofrem os seus efeitos. Ela atinge igualmente os maometanos, os budistas, os protestantes, os brâmanes. É uma crise da própria ideia religiosa.

Não podemos falar exclusivamente de uma apostasia das massas operárias. Há apóstatas entre os camponeses e os burgueses.

Mas o que não há — porque não pode haver — é uma crise na Igreja de Deus. Cristo triunfou para sempre do pecado, da morte, da dor, de Satã.

O que a Igreja de Deus sofre são rasgões e arranhões, mudanças acidentais, por estar imersa e articulada na humanidade. Não temamos, porém; a Igreja permanecerá sempre viva. É a palavra do nosso Deus.

A pergunta que fazes a ti mesmo, eu a fiz muitas vezes a mim próprio. A única coisa importante de todo este caos que reina no mundo moderno é esta: colocamos — todos — o centro de gravidade do homem no próprio homem. É esta a razão profunda da crise do nosso mundo.

Temo-nos baseado em nós mesmos. Há séculos que a vida gira à volta do "eu". E o "eu" não pode fazer outra coisa, se sabe de amores, senão orientar-se para o "tu"; um "Tu" que é Deus, a quem se deve amar sobre todas as coisas, um "tu" que é o mundo, pelo qual devemos estar profundamente apaixonados: para melhorá-lo, para cristianizá-lo; um "tu" que são os outros homens, pois recebemos a vocação de servi-los.

O diabólico antropocentrismo é o culpado do esquecimento contínuo do "tu".

Pusemos Deus à margem da nossa vida, à margem do nosso caminho. Essa é a nossa culpa.

Interesses de Cristo na nossa terra

Temos de repor Deus no pedestal em que se sentaram comodamente os homens.

Se abrirmos os olhos, veremos o entusiasmo — o entusiasmo e os interesses — que Cristo depositou nesta pobre terra!

Os primeiros cristãos cumpriram o programa traçado. E com o amor de Deus e das almas que o Senhor lhes tinha infundido, transformaram, cristianizaram todo um império pagão, orando e trabalhando eficazmente dentro do próprio mundo.

E agora, que acontece? Hoje — um hoje que parte do Renascimento e se acentua no século XVIII — os inimigos da Igreja deslocaram-nos da sociedade.

Deixamos que nos tirassem do lugar por falta de doutrina e de coragem, por falta de amor de Deus. Porque desconhecemos os interesses de Cristo no nosso mundo.

Cristo está ausente das mentes que dirigem a educação, a imprensa, o rádio, o cinema, a televisão, o mundo da indústria e do trabalho, o mundo da administração pública, o mundo do pensamento, da ação e da organização, o mundo da arte, da ciência e da política. E continuará ausente se não contarmos aos filhos como os inimigos de Deus projetaram criar — e vêm conseguindo — um clima propício à ideia satânica de que a religião é uma questão privada que é necessário encerrar — deixar apodrecer? — no âmbito das consciências.

Os nossos avós conformaram-se com essa aberração.

Ouvi-me antes de fechardes este livro.

Querem mudar a natureza do verdadeiro significado do cristianismo.

Querem aniquilar toda a influência cristã na sociedade.

Querem encerrar a Igreja nas sacristias, para que se dedique a batizar os homens e enterrar os mortos.

Querem reduzir a Igreja de Cristo a um ministério cultural e sacramental, com o pretexto de que o seu domínio radica no mundo invisível das almas.

Querem eliminar a intervenção dos cristãos na vida pública.

Estai alertas, pais, porque há muitos cristãos ignorantes — ou perversos — que fazem o jogo dos inimigos de Deus.

E não podemos permitir que os filhos saiam do lar com estas ideias nefastas que arrastamos há séculos.

Não. O cristianismo não é apenas uma religião que se preocupa com as relações do homem com o Criador.

Não, o cristianismo não tem por missão fazer com que os escolhidos da terra olhem para o Reino dos Céus.

A ação social do nosso cristianismo tende a manter e a desenvolver o contato íntimo entre a humanidade e Deus; tende a aproximar de Deus as almas de todos os homens; procura que todos vivam como filhos de Deus.

Mas há mais.

O cristianismo não está orientado apenas para a vida eterna!

O cristianismo não tem em vista apenas o Além. Tem em vista igualmente o aquém.

Porventura queremos abandonar a terra às mãos de Satanás?

Por que sois assim, pais? Por que ignorais a missão de Cristo e da sua Igreja? Por que deixais que vos arrebatem a mensagem de Cristo?

Que pensais quando dizeis: "Seja feita a vossa vontade assim na terra como no Céu"? Cristo quer reinar na eternidade e no tempo, no Céu e na terra.

É necessário restaurar *tudo* em Cristo. Toda a Criação espera com ansiedade a revelação dos filhos de Deus (cf. Rm 2, 19).

Todas as coisas, tudo o que há no Céu e na terra deverá reunir-se sob um único cetro: Cristo (cf. Ef 1, 10).

Quereis compreender de uma vez para sempre o que quer dizer *tudo o que existe nos Céus e na terra*?

Tudo, absolutamente tudo: a família, o Estado, a economia, as finanças, as doutrinas filosóficas, as leis, as instituições humanas, as investigações científicas, as criações artísticas; o homem, a vida e a morte. Os povos e as nações têm que refletir o espírito de Cristo.

Vou copiar-te uma página luminosa de uma revista do Opus Dei.

> É um fato indubitável que o homem foi elevado à ordem sobrenatural, e esta elevação abrange todas as manifestações e todas as atividades da natureza humana: também a sua dimensão social.
>
> Erram os que pretendem circunscrever a ordem sobrenatural no foro interno das consciências e eliminar a sua eficácia do âmbito da sociedade e, portanto, da opinião pública, que é um fenômeno essencialmente social.
>
> E está longe da verdade esta atitude — que às vezes afeta a atuação de alguns católicos —, porque o bem comum da sociedade é inseparável do fim sobrenatural que Deus nos marcou.

Cristo, ao redimir o mundo pela sua morte na Cruz, atraiu tudo a si — *omnia traham ad meipsum* —, de modo que nada do que é humano, nada que diz respeito a essa natureza que Ele assumiu e salvou pode permanecer numa zona indiferente à ordem sobrenatural.

A eficácia do sacrifício redentor projeta-se sobre toda a natureza do homem, e abrange as suas relações com Deus, com os outros homens e com o resto das criaturas; por isso, a saúde da Redenção atinge a própria raiz da ordem social.

Não podemos esquecer, pais, que Cristo bradou ao mundo: "Eu sou a Vida", e a Vida é só uma. O indivíduo, com todos os seus problemas, os povos com os deles, todas as atividades humanas, toda a criação, tudo está feito para Deus; depende radicalmente dele.

Não podemos esquecer que Cristo clamou ao mundo: "Eu sou Rei". Acaso nos rimos do que Ele disse no Pretório, como o fez o governador agarrado ao seu cargo?

Ou sois dos que não entendem mais as palavras do Senhor? Pensais que quando Ele disse: *O meu Reino não é deste mundo*, era porque pensava deixar a terra nas mãos do Diabo? O reino de Cristo não é como os deste mundo, porque procede do seu Pai-Deus.

No Reino de Deus, podem distinguir-se dois momentos: um, o escatológico, o da consumação final; outro, o do reinado de Cristo na terra, no mundo atual, na história dos homens. Um na eternidade e outro no tempo.

É este que os maus nos querem negar.

Explica-se que os homens sem fé nos "deixem" o reinado do além, em que não acreditam, porque não os preocupa.

O que lhes dói — como ao Diabo — é que Deus também queira reinar no mundo temporal; não apenas nas coisas sagradas, mas também no mundo profano.

Que querem? Reservar à religião a esfera interior do homem, matando o influxo que a fé pode e deve proporcionar à atividade profissional, cívica, política, social?

Esta cisão da vida, esta ruptura da unidade da pessoa humana em compartimentos estanques é ilógica e repugnante.

"Sou cristão" — são palavras de Terêncio —, "e nada do que é divino ou humano me é estranho".

Esta é a vossa missão

> "A Igreja não tem como única missão batizar todos os homens, mas batizar o homem todo e tudo no homem. A Igreja quer penetrar e ganhar para Cristo toda a humanidade histórica. A sua visão, por ser católica, é universal, e não há nada que lhe possa ser estranho" (cardeal Suhard).

É necessário restaurar tudo em Cristo, "não apenas aquilo que corresponde a título de propriedade à missão divina da Igreja, que é ganhar almas para Deus" — diz-nos São Pio X —, "mas também tudo o que deriva dessa missão divina, que é a civilização cristã no conjunto de todos os seus elementos e em cada um deles".

Mas quando ouvirdes falar deste trabalho grandioso que a Igreja — continuadora de Cristo — tem de realizar, não imagineis que são os sacerdotes, os religiosos e as freiras que devem invadir o mundo profano, tingindo de negro as atividades humanas. Este "clericalismo" temível seria pernicioso, errôneo, falso e estéril.

Não é aos sacerdotes que compete governar o mundo temporal. As ocupações profanas estão-nos vedadas. A nossa missão é aproximar as vossas almas de Deus, alimentar a vossa vida interior para que transborde em ânsias de apostolado.

É a vós, pois, que compete intervir na esfera das realidades terrenas. Vós — que sois a Igreja — tendes por dever de estado este largo campo de apostolado!

Tendes sobre os vossos ombros a responsabilidade dos destinos da sociedade humana. É a vós, simples cristãos, que corresponde este trabalho ingente.

São estas as coisas grandes que Deus fez no nosso tempo.

As obras de Deus no mundo são esse estímulo do Espírito Santo para que os cristãos trabalhem afanosa e infatigavelmente pelo reinado de Cristo na terra.

Aqueles que, por chamada de Deus, devem servir o Senhor no meio do mundo, e não no claustro nem na solidão, têm de viver entre os afazeres humanos, ao lado dos outros homens, ocupados nas suas atividades. Correspondem-lhes direta e particularmente todos os problemas, todas as circunstâncias, todos os acontecimentos da vida social.

É esta a vossa missão, pais. Missão que envolve uma grande responsabilidade: a de cooperar na orientação que Cristo quer dar ao mundo.

Que fazeis tão quietos e ensimesmados no presente? Que fazeis de braços cruzados? Ninguém vos contratou? Vinde conosco! Se não encontrastes em nenhum grupo de homens um programa claro e valente para encher o mundo de coragem, vinde conosco. Vinde vós e os vossos filhos! Há trabalho para muitos. Há trabalho para todos.

Queremos dar ao mundo a fisionomia que os primeiros cristãos se propuseram dar-lhe. É necessário continuar o trabalho começado.

O sangue do mundo está corrompido e precisa de uma transfusão que só os cristãos com alma de reis podem dar, que só os filhos de Deus dispostos a deixar a sua carne aos pedaços podem proporcionar.

Vós, mães, tendes um papel muito importante na evolução do nosso mundo. Quem vos ofendeu, dizendo que a transformação da terra será feita apenas pelos homens?

Vós fostes sempre as melhores colaboradoras da Igreja.

Apenas vós — mulheres fortes — estivestes ao pé da Cruz. Vós e um rapaz novo — João.

Vós fostes as mulheres audazes que, violando todas as leis humanas, vos dirigistes ao sepulcro nas horas difíceis em que os homens fechavam as portas das suas casas com medo dos judeus. Cristo deu-vos o prêmio, e fez de vós apóstolos de apóstolos.

É a prudência sobrenatural que nos há de apontar sempre o caminho, mas é a audácia que nos há de fazer voar por ele.

Das vossas mãos vigorosas dependem milhares de rapazinhos que amanhã hão de sair para o mundo da maneira como vós os formastes.

E vós, pais, deveis saber que esta é a vossa grande missão, realmente grandiosa.

Em primeiro lugar, formai-vos vós mesmos. Como é possível dar doutrina sem formação? Pensais sinceramente que Deus suprirá a vossa preguiça?

Formação pessoal e educação dos filhos. Educai-os segundo esta orientação, para que sejam cristãos que se preocupam com o que há de sobrenatural e eterno nas suas almas, e com o que há de temporal e profano no mundo.

Formai-os no espírito da fé, para que tenham a audácia de ganhar para Cristo as almas sem Deus.

Sois responsáveis, vós e os vossos filhos, como aliás todos os cristãos, por esse dom que recebemos do nosso Pai-Deus: o dom da fé. A fé deve informar todo o nosso pensar, todo o nosso querer, todo o nosso agir pessoal, familiar e social. Por termos recebido a fé, temos de ir em linha reta à Verdade, sem transigências, pelo caminho direto, defendendo a doutrina da Igreja onde quer que nos encontremos.

Formai-os na esperança, para que tenham muitos filhos e eduquem cristãmente os vossos netos.

Formai-os na caridade, para que vibre neles o espírito de cooperação nos grandes apostolados que a Igreja tem hoje entre mãos: a imprensa, o cinema, o rádio, a televisão; todos os meios que integram o apostolado da opinião pública.

Formai-os no amor de Deus, para que defendam os interesses dos desprotegidos, porque mais de uma vez terão de intervir como samaritanos, estendendo a mão aos que se encontrarem feridos na valeta.

Formai-os no amor humano, para que saibam escolher uma mulher que os ajudará a escalar a encosta íngreme da santidade pelo caminho da vida conjugal.

Formai-os na fraternidade, para que promovam a unidade dos cristãos, evitando dissenções mesquinhas e estreitas, próprias dos medíocres.

Teremos de fazer o máximo pela unidade do mundo. Este é um dos capítulos importantes da missão temporal do cristianismo. Cristo morreu para que todos os filhos de Deus que estavam dispersos se juntassem num só rebanho (Jo 10, 52).

Formai-os na oração e na mortificação, sem as quais os nossos afazeres no mundo e pelos homens — que devem ser reais e autênticos — seriam pura ilusão.

Formai-os na humildade, para que sejam empreendedores e magnânimos sem menoscabo da glória de Deus.

Formai-os numa piedade rija, para que encontrem em Deus a aspiração de todas as suas aspirações e o estímulo constante para fazerem bem aos homens.

Formai-lhes a inteligência, para que sintam como própria a tarefa de orientar os progressos da humanidade.

Formai-lhes o coração, para que sejam senhores da terra e não filhinhos de papai — escravos do dinheiro, do poder, do ventre ou da carne.

Formai-lhes a vontade, para que deliberem antes de dar a palavra, e depois a cumpram.

Formai-os na austeridade, para que aprendam a viver do seu trabalho, com o necessário, evitando os caprichos.

Formai-os na fidelidade, para que não se admirem com as deserções nem desanimem com as claudicações dos que se chamam amigos.

Formai-os na sinceridade, para que o seu *sim* seja sempre *sim* e o seu *não* seja sempre *não*.

Formai-os na rijeza, para que aguentem com elegância o peso duro da atividade diária.

Formai-os na laboriosidade, para que tirem todo o rendimento das suas possibilidades.

Formai-os na liberdade, para que tenham a ambição de organizar um mundo em que haja liberdade para a Igreja de Cristo e para os cidadãos de Deus.

Formai-os nas virtudes humanas, para que a graça de Deus se desenvolva neles até render cem por um.

Formai-os na verdade, para que não estendam a mão ao erro, como fazem tantos católicos ingênuos. Formai-os na compreensão, para que saibam conviver com todos os homens, não só com os chamados maus, mas com os chamados bons, coisa que às vezes é difícil, pois estes últimos se consideram bons demais para nos admitirem entre eles. Quando Cristo chamou Mateus, os únicos que murmuraram foram os "bons" daquele tempo, os fariseus.

Que os vossos filhos saibam conviver com amigos e inimigos.

O critério é claro, porque é cristão: uma grande compreensão com a pessoa de todos os que erram, e a máxima intransigência com os seus erros.

Mas deixai para Deus a distinção entre bons e maus. Não esqueçais que a Cruz de Cristo se ergueu no Gólgota com o esforço de todos: dos judeus, dos gentios, dos bons e dos maus, e com o meu. Quem estiver livre de pecado, que atire a primeira pedra. Todos somos responsáveis pelo lutuoso acontecimento do Monte das Caveiras na tarde triste da primeira Sexta-feira Santa.

Abri os olhos aos vossos filhos. Nós, cristãos, somos os responsáveis pelo curso dos acontecimentos humanos, porque os fatos futuros têm sempre a sua causa no presente que estamos vivendo.

Os cristãos têm alguma coisa a ver com todos os problemas do mundo, desde os mais importantes acontecimentos políticos, econômicos, históricos, artísticos e sociais, até aos mais pequenos problemas individuais e familiares.

Formai-os para que não se agachem num estúpido "que havemos de fazer?", enquanto uma minoria pagã ou sectária dita leis num país contra os direitos de Cristo na sociedade.

Formai-os para que possam ser dirigentes de um povo.
"Para realizar uma ação profunda — grito-te com clamores do Pontífice —

> precisamos de uma seleção de homens de sólidas convicções cristãs, de juízo seguro, de sentido prático e justo, coerentes consigo próprios em todas as circunstâncias, homens de doutrina clara e sã, de propósitos firmes e retilíneos, e sobretudo homens capazes... de ser guias e dirigentes, especialmente nos tempos em que as imperiosas necessidades excitam a impressionabilidade do povo e tornam mais fácil o desvio e a perdição; homens que, nas épocas de transição... sintam por dupla razão o dever de fazer com que circule pelas veias do povo e do Estado, atacadas por mil e uma febres, o antídoto espiritual dos critérios claros da bondade desprendida, da justiça igualmente favorável a todos, e a tendência da vontade para a união e a concórdia nacional dentro de um espírito de fraternidade sincera (Pio XII).

O vosso fruto, pais, será feito de esplendor. O vosso fruto será divino.

Semeai, semeai, semeai a vossa vida e a vossa doutrina.

Não devo ocultar que a terra dos vossos filhos pode conter muitas pedras, muito cascalho, muitos espinhos... e que parte da semente pode perder-se. Mas a semente cairá sobre a terra boa preparada pela graça de Deus e pela rijeza, pela fortaleza e pela vontade dos vossos filhos... e o fruto será abundante. Apesar das pedras e do cascalho, o fruto será abundante.

Perseverai na semeadura.

Aquela boa avó, santa — quando a veremos nos altares? —, não se cansava de repetir: "Meu filho, vergonha? Só de pecar". O filho dela repetiu-o aos dele. Não é de admirar que os netos tenham saído desavergonhadamente valentes em pôr em prática os mandamentos do Senhor.

Aos vencedores!

> "Confiando em Ti, sou capaz de derrotar exércitos. Confiando no meu Deus, assalto muralhas. É perfeito o caminho de Deus" (2 Sm 22, 30–31).

Não sabeis que, no fim dos tempos, Cristo será o triunfador dos Céus e da terra?

Não sabeis que, quando vencer — vencerá — todos os seus inimigos, entregará o Reino ao seu Pai-Deus? *O último inimigo reduzido ao nada será a morte* (1 Cor 11, 26).

O mundo que pisamos, a nossa pobre terra não receberá a forma regular e polida que lhe pertence enquanto, no fim dos tempos, não forem submetidas todas as coisas a Cristo.

A nossa pobre terra será sempre, durante a vida do homem, um pequeno vale de lágrimas e de dores.

Não é, porém, nem cristão nem varonil ceder à tentação de não a melhorar.

Podem enxugar-se muitas lágrimas!

Podem aliviar-se muitas dores!

Podem semear-se muitas alegrias!

Quem ceder à tentação de deixar que o mundo siga o seu curso apodrecido; quem não empregar as suas energias, todas as suas energias, em fazer com que Cristo reine no nosso mundo, em todas as atividades, tanto nas privadas como nas públicas, é um canalha sem fé, sem esperança e sem amor.

Todos — pais e filhos, ricos e pobres — todos têm obrigação de trabalhar por Cristo, pelo mundo e pelos homens, na medida que o Senhor exigir de cada um.

Nem o rico avarento, nem Pilatos, nem Judas, nem o jovem rico que o Senhor chamou e se afastou entristecido, nem os irmãos do filho pródigo — que são muitos nos nossos dias — salvarão o mundo.

"Para um cristão consciente da sua responsabilidade, mesmo para o mais pequeno..., não existe tranquilidade preguiçosa nem existe a fuga; existe a luta, o combate contra toda a inação e toda a deserção, na grande contenda espiritual cujo prêmio é construção, mais ainda, a própria alma da sociedade futura" (Pio XII).

Haverá dificuldades — muitas! —, mas não fujais. Não deixeis o campo livre aos inimigos da Igreja.

Receais o futuro, mas não se vê que procureis prepará-lo.

Comportais-vos tão nesciamente como o mau estudante que se aflige porque vê chegar a data dos exames e não se decide a abandonar a sua inatividade culposa.

Não aconselhastes os vossos filhos a estudar? Pois é exatamente isso que eu vos repito: trabalhai no presente olhando para o futuro.

O dia de amanhã será como o tivermos preparado hoje. Só há surpresas quando os homens se mantêm inativos, queixando-se inutilmente das circunstâncias presentes, carpindo saudosamente tempos passados que nunca mais voltam.

Todos os neutros, os indiferentes, os espectadores passivos, os abstencionistas, os partidários do *laissez faire, laissez passer*, os covardes, os comodistas, são cúmplices de todas as iniquidades e vilanias que os inimigos de Deus cometem.

E vós, pais, sereis igualmente responsáveis pela passividade dos vossos filhos, se não os educais para a ação como cristãos.

A juventude de hoje, como a de sempre, está disposta a agir se a educam para isso.

Entre a juventude, entre os homens maduros e entre os velhos, *quem souber fazer o bem e não o fizer, é réu de pecado* (Tg 4, 17).

Não bastam a oração, nem a mortificação, nem a boa vontade. É necessário orar, mortificar-se e trabalhar.

Teremos que executar o trabalho que nos coube a nós e àqueles que abandonaram a lide por cansaço. A responsabilidade do mundo pesa sobre todos — grandes e pequenos.

Pode acontecer, porém, e infelizmente acontece, que os outros se desliguem do labor que lhes cabe. Há quem se canse e se retire, deixando por cumprir o trabalho que Deus confiou a cada qual. Os desertores formam uma multidão.

Não pareis a olhar; continuai a marcha; arrebatai-lhes a bandeira e continuai para diante, como se tivessem morrido.

Deveis saber, porém, que o trabalho desses homens tem de ser feito, embora sejamos menos, mesmo que o fardo se multiplique sobre os nossos ombros.

A graça de Judas passará para Matias. Outros hão de vir ocupar o lugar dos desertores. Os que ficam de pé terão de realizar as obras do nosso Deus. Ensinai isto aos vossos filhos, para que não se escandalizem com as deserções nem caiam na tentação de passar para o bando dos espectadores preguiçosos.

Desertores, houve-os sempre. Traidores, também; mesmo nos primeiros momentos do cristianismo. Como aqueles dois que, quando foram submetidos a torturas, denunciaram o paradeiro de São Policarpo, ao que as Atas dos Mártires acrescentam simplesmente: "E os que o tinham atraiçoado sofreram o que mereciam, isto é, o castigo do próprio Judas".

Não permitais que o desalento vos penetre na alma. Arrisquemos tudo nesta luta, que vale a pena.

Esta é a autêntica guerra pela paz; esta é a guerra em que os que lutam sairão sempre vencedores.

É a promessa do Senhor, garantida por Cristo e recordada por João numa ilha pedregosa em que viu os vencedores chegarem à nova terra.

Sim, depois da vitória aguarda-nos uma terra nova; uma terra nova onde não há morte, nem choro, nem sede, nem noite, nem gritos, nem trabalho (cf. Ap 21, 4).

Agora é necessário portarmo-nos como na guerra. Depois será o Juízo. Vi os mortos que estavam diante do trono — diz João no Apocalipse. — E foram abertos os livros; e os mortos foram julgados segundo as obras que estavam escritas nos livros.

Também o mar, a morte e o inferno hão de entregar os seus mortos para serem julgados segundo as suas obras.

No fim virá a sentença.

Ouve-se já o ruído do dia de Yavé; o dia do alarido dos desertores. Então — di-lo o Espírito pela boca de Sofonias —, aniquilarei homens e animais; aniquilarei os restos de Baal; aniquilarei os que abandonaram a luta!

No dia de Yavé serão castigados todos os que se apresentarem com vestes estrangeiras.

Nem o seu ouro nem a sua prata os poderão salvar.

Yavé será terrível com eles. Fará perecer todos os deuses da terra.

E as cidades orgulhosas, que diziam no seu coração: "eu, ninguém mais do que eu", serão assoladas, convertidas em guarida das feras.

Toda a terra será devorada pelo fogo do zelo divino.

Mas para os que confiaram no Senhor — diz-nos João —, Ele será o seu Deus, e eles serão os seus filhos.

É isto o que nos garante o Príncipe dos reis da terra, o Primogênito dos mortos, o Todo-Poderoso, o que tem fogo nos olhos e uma voz como a de muitas águas, o que guarda as chaves da morte e do inferno, o que morreu e voltou à vida, o que tem na sua destra sete estrelas:

> Aos vencedores, aos que conservarem até ao fim as minhas obras, Eu lhes darei poder sobre as nações, e eles as governarão com vara de ferro.
>
> Aos vencedores darei o maná escondido.
>
> Aos vencedores darei uma pedrinha branca e nela escrito um nome novo.
>
> O nome dos vencedores será inscrito no livro da vida.
>
> Confessá-los-ei diante de meu Pai e diante dos seus anjos.
>
> Dos vencedores farei colunas no templo do meu Deus, e sobre eles escreverei o nome do Senhor.
>
> Aos vencedores darei a estrela da manhã.
>
> Isto diz o Filho de Deus: Eu sou o que esquadrinha as entranhas e os corações; não lançarei sobre vós novo fardo, mas segurai fortemente o que tendes até que eu volte.

Aproveitemos agora o nosso tempo, antes que se nos escape.

Aproveitemos hoje o nosso tempo, porque um dia nos será tirado.

Aproveitemo-lo antes que seja tarde. Aproveitemo-lo antes que apareça o Anjo apocalíptico; antes que o Anjo portador do arco ponha um pé no mar e outro na terra. Porque será nessa altura que gritará: não há mais tempo.

Entretanto... — o grito é de São Paulo —, comportai-vos de maneira digna do Evangelho de Cristo; mantende-vos firmes num mesmo espírito, lutando juntos, com uma só alma, pela fé do Evangelho; e não vos deixeis amedrontar em nada pelos adversários.

Tudo o que o Senhor nos prometeu há de realizar-se. Antes, mais e melhor do que esperamos.

Pais, vale a pena entusiasmar-se pela terra e pelos filhos! Vale a pena continuar a corresponder à vocação de pais que recebestes. À reforma dos lares seguir-se-á a reforma do mundo. Depois da luta e do cansaço virá a vitória. E à vitória seguir-se-á o juízo de Deus sobre os filhos do Rei.

Direção geral

Renata Ferlin Sugai

Direção de aquisição

Hugo Langone

Produção editorial

Juliana Amato

Gabriela Haeitmann

Ronaldo Vasconcelos

Roberto Martins

Capa

Gabriela Haeitmann

Diagramação

Sérgio Ramalho

ESTE LIVRO ACABOU DE SE IMPRIMIR
A 21 DE JUNHO DE 2024,
EM PAPEL PÓLEN NATURAL 70 g/m².